PONS

Basiswortschatz Italienisch im Griff

von
Beatrice Rovere-Fenati

Ernst Klett Verlag
Stuttgart · Düsseldorf · Leipzig

Basiswortschatz Italienisch im Griff

von Beatrice Rovere-Fenati

Dieses Symbol  weist auf einen Lerntipp hin.

Dieses Werk folgt der reformierten
Rechtschreibung und Zeichensetzung.

Gedruckt auf Papier, das aus chlorfrei gebleichtem
Zellstoff hergestellt wurde.

1. Auflage 1 4 3 2 1 | 2000 99 98 97

Redaktion: Gabriele Forst, Tübingen
Einbandgestaltung: Erwin Poell, Heidelberg; Ilona Arfaoui, Stuttgart
Zeichnungen: Uta Guións, Schwetzingen
Layout/Satz: Fotosatz Kaufmann, Stuttgart
Druck: Druckerei zu Altenburg, Altenburg
Printed in Germany.
ISBN 3-12-560968-2

Inhaltsverzeichnis

5. Kapitel

6. Kapitel

7. Kapitel

8. Kapitel

9. Kapitel

1. Kapitel

Arricchite il vostro lessico

Erweitern Sie Ihren Wortschatz

1. Ohne Wörter wenig Kommunikation.

Ohne Wörter beschränkt sich die Kommunikation auf Elementares. Je mehr Wörter Sie hingegen anwenden können, desto mehr können Sie verstehen, und desto besser können Sie sich auch verständigen.

2. Wörter zu lernen soll keine Trockenübung sein.

Was man braucht, behält man auch. Das gilt für einen Gegenstand ebenso wie für ein Wort. Setzen Sie sich also nicht einfach hin und büffeln Sie irgendwelche Wörter. Fragen Sie sich vielmehr während Ihres Tagesablaufs: Wie drücke ich dies auf Italienisch aus und wie beschreibe ich jenes? Gelegenheit dazu haben Sie immer und überall: am Arbeitsplatz, beim Einkaufen, beim Fernsehen, auf dem Weg zum Sportplatz usw.

3. Ohne Hilfsmittel lernt man keine Wörter.

Schaffen Sie sich ein Wörterbuch an und führen Sie ein Vokabelheft. Schämen Sie sich vor allem nicht, im Wörterbuch nachzuschlagen, wenn Sie etwas nicht wissen; selbst die besten Übersetzer tun dies! Wörter, Ausdrücke und Formulierungen, die Sie lernen wollen, schreiben Sie dann ins Vokabelheft. Organisieren Sie dabei Ihre Eintragungen so, dass Sie die Einträge schnell auffinden.

4. Dieses Kapitel ist wichtig.

Überspringen Sie dieses Kapitel auf keinen Fall. Sie werden darin wertvolle Anregungen zum besseren Lernen finden.

1.1 Così utilizzo questo libro

So benutze ich dieses Buch

1. Konzentrieren Sie sich zunächst auf dieses Kapitel und bearbeiten Sie es von Anfang bis Ende.

2. Danach blättern Sie einfach einmal das Buch durch und suchen Sie sich die Kapitel und Übungen aus, die Ihnen zur weiteren Bearbeitung am meisten zusagen.

3. Sollten Sie am Ende Ihre Fortschritte messen wollen, können Sie dies mit Hilfe der Tests tun.

4. Hier sind noch drei Tipps zur optimalen Arbeit mit diesem Buch:
   - Benutzen Sie kein zu kleines Wörterbuch.
   - Vergessen Sie nicht, Begriffe, die Ihnen wichtig erscheinen, ins Vokabelheft einzutragen.
   - Verwenden Sie den Lösungsschlüssel nur zur Selbstkorrektur.

1.2 Il dizionario, un tesoro da scoprire

Das Wörterbuch, ein Schatz, den es zu entdecken gilt

Bestimmt werden Sie das Wörterbuch schätzen, denn es besteht nicht nur aus einer Ansammlung von Wörtern und Wendungen, sondern es enthält auch wichtige Hinweise zu einem Wort, die Ihnen beim Lernen behilflich sein können.

Welche Informationen vermitteln Ihnen diese Wörterbucheinträge? Lesen Sie sie durch und ergänzen Sie dann die Sätze.

1. **autista** [au'tista] <-i *m*, -e *f*> *mf* Fahrer(in) *m(f)*, Chauffeur(in) *m(f)*.

a. Die Betonung von **autista** liegt auf dem ___i___.

b. **Der Fahrer** heißt ___l'autista___, **die Fahrerin** ___l'autiste___.

c. **Die Fahrerinnen** heißen ___le autiste___, **die Fahrer** ___gli autisti___.

2. **Arzt** [aːɐ̯tst] <-es, Ärzte> *m*. Ärztin ['ɛːɐ̯tstɪn] *f* medico *m f*, dottore, -essa *m, f*.

Der Arzt kann mit ___il medico___ oder ___il dottore___ übersetzt werden, **die Ärztin** mit ___il medico___ oder ___la dottoressa___.

1.3 Cercare la traduzione adatta

Die passende Übersetzung suchen

Bei längeren Wörterbucheintragungen könnte die gesuchte Übersetzung erst gegen Ende aufgelistet sein. Geben Sie sich also nicht mit der erstbesten Angabe zufrieden.

Für welche Übersetzungen würden Sie sich bei den hervorgehobenen Wörtern entscheiden?

1. Auf welchem **Gebiet** willst du dich spezialisieren?

   campo oder materia

Gebiet [gə'bi:t] <-(e)s, -e> *n* **1.** *(Region)* regione *f*, zona *f; adm, pol* territorio *m;* **2.** *fig (Fach-)* campo *m*, materia *f; (Bereich)* sfera *f;* **auf allen ~en** *fig* in tutti i campi; **auf dem ~ der Technik** in campo tecnico.

liegen bleiben <*irr*> *itr* <*sein*>, **1.** *(nicht aufstehen)* rimanere disteso;*(im Bett)* restare coricato (*o.* a letto); **2.** *(vergessen werden)* essere dimenticato; **3.** *(unerledigt bleiben)* rimanere interrotto (*o.* incompiuto); **4.** *(nicht verkauft werden)* rimanere invenduto*;* **5.** *(Auto, etc.)* rimanere per strada, rimanere fermo.

2. Wie kann man bloß mit solch einer Klapperkiste nach Italien fahren! Damit kann man ja **liegen bleiben**!

   rimanere per strada

3. = Sai che **Mario è andato in pensione**?
   – Davvero, sembra così giovane!

   ____

   ____

pensione [pen'si̯o:ne] *f*, **1.** *(albergo, alloggio)* Pension *f;* **2.** *(rendita)* Pension *f*, Rente *f;* **~ completa** Vollpension *f;***mezza ~** Halbpension *f;* **~ di guerra** Kriegsopferrente *f;* **~ per la vecchiaia** Altersruhegeld *n*, (Alters)rente *f;* **essere (***o.* **stare) a ~ da (***o.* **presso) qu** bei jdm in Pension sein; **tenere a ~ qu** jdn in Pension haben; **andare in ~** in Pension (*o.* in den Ruhestand) gehen.

piano, -a ['pi̯a:no] **I.** *a* **1.** *(piatto)* eben, flach, glatt; *mat* eben; *sport* Flach-; **2.** *ling* auf der vorletzten Silbe betont; **3.** *fig (facile)* leicht (verständlich), einfach; **II.** *adv* **1**. *(adagio)* langsam, bedächtig; **2.** *(a bassa voce)* leise; **3.** *mus* leise, piano; **4.** *(con cautela)* vorsichtig, mit Bedacht; **pian(o) ~** allmählich; **chi va ~, va sano e va lontano** *prov* eile mit Weile *prov.*

4. Con gli stranieri bisogna parlar **piano**, se no non capiscono.

   ____

1.4 Espressioni idiomatiche

Idiomatische Wendungen

Idiomatische Wendungen sind gerade im Alltag wichtig. Aber wie soll man sie lernen? Am besten schauen Sie sich beim Nachschlagen eines Wortes gleich die wichtigsten Wendungen an, die damit gebildet werden können. Tragen Sie dann gleich die für Sie nützlichen Ausdrücke ins Vokabelheft ein.

Welche der angegebenen Wendungen fehlen in folgenden Kurzgesprächen? Ergänzen Sie sie.

Che ne diresti	faccia pure	Non c'è male	a presto
Ti dispiace	di niente	dare una mano	vanno d'accordo

1. – Buongiorno, signor Merlo, come sta?

   = ______________________, grazie.

2. – Grazie tante, è proprio gentile!

   = Ma ______________________, signora!

3. – Senti, mi puoi ______________________, è troppo pesante per me la valigia.

   = Sì, certo.

4. – Senti, io adesso devo andar via, è tardi!

   = Beh, allora ciao e ______________________!

5. – Scusi, posso fumare?

   = Ma certo, ______________________!

6. – Ho sentito che Anna e Mario non ______________________.

   = È vero, litigano continuamente.

7. – ______________________ di andare al cinema stasera?

   = No, stasera no, sono troppo stanco.

8. – Che caldo qui! ______________________ aprire un po' la finestra?

   = Ma no, per niente!

1.5 Parole che stanno bene insieme

Wörter, die zusammenpassen

Ein Wort lässt sich nicht mit jedem x-beliebigen anderen Wort verbinden. So können Sie *„leggo un libro"* sagen, *„bevo un libro"* hingegen nicht. Merken Sie sich also passende Wortpaare und ergänzen Sie diese mit weiteren möglichen Varianten.

a) Zu den Verben im linken Ring passt jeweils ein Substantiv des rechten Rings. Ordnen Sie zu.

1. bere
2. mangiare
3. giocare
4. scrivere
5. aprire
6. guardare
7. ascoltare
8. suonare
9. organizzare
10. lavare

a. a tennis
b. la porta
c. un disco
d. uno strumento
e. i piatti
f. un panino
g. un caffè
h. una festa
i. una cartolina
j. la televisione

1. g	2. f	3. a	4. i	5. b	6. j	7. c	8. d	9. h	10. e

b) Und mit welchem Verb lassen sich folgende Substantive verbinden? Wählen Sie unter den Verben von a) das jeweils passende aus.

a. scrivere una lettera

b. organizzare un viaggio

c. ______ uno spettacolo

d. ______ a carte

e. ______ la biancheria

f. mangiare la frutta

g. ______ una discussione

h. ______ il campanello

i. aprire la finestra

j. bere un succo di frutta

Und nun könnten Sie weitere Substantive suchen, die sich mit den Verben von a) verbinden lassen und die gefundenen Verbindungen in Ihr Vokabelheft eintragen.

1.6 Come imparare parole con un testo

Wie man mit einem Text Wörter lernen kann

Texte sind für Lernbegierige eine wahre Fundgrube. Doch zuerst sollten Sie einen Text lesen und auch verstehen, bevor Sie ihn nach nützlichen Wörtern und Ausdrücken durchkämmen.

a) Lesen Sie den Text, ohne sich bei einzelnen Wörtern aufzuhalten.

Come mi piace fare vacanza

Sono lontani i tempi delle vacanze in tenda, delle notti passate a ballare in discoteca o a parlare e cantare intorno a un fuoco.

Lontani sono anche gli anni delle vacanze attive: non mi alzo più alle cinque per camminare ore e ore su per la montagna con uno zaino pesantissimo. Ed è da tempo che non vedo più un centro storico al giorno, con museo, castello, chiese e monumenti vari. Non voglio più, la sera, arrivare in albergo, cadere sul letto stanco morto e addormentarmi subito.

E poi non ho più voglia di star fermo su un'autostrada, al sole, in mezzo a una coda di 20 km, non ho voglia di viaggiare in treni pieni zeppi e non ho voglia di correre il rischio di non trovare posto nella sala d'aspetto di un aeroporto. Tutto ciò, per fortuna, non mi succede più da anni.

Adesso in vacanza desidero rilassarmi, riposarmi. E così non parto mai in luglio - agosto, non vado in zone turistiche, non faccio lunghi viaggi in macchina e vado solo in piccoli alberghi tranquilli, lontani dal traffico. La buona cucina - a me piace molto mangiar bene - e la possibilità di fare lunghe passeggiate non troppo faticose sono altri due elementi di una vacanza ideale. Vado anche a visitare chiese, castelli e musei, naturalmente, ma solo uno o due al giorno, mai di più. Ecco, come adesso mi piace fare vacanza.

b) Möchten Sie überprüfen, ob Sie das Gelesene verstanden haben? Dann kreuzen Sie die Sätze an, die Sie für richtig halten.

La persona che scrive ...

1. è molto giovane. ☐
2. non fa più vacanza in tenda. ☐
3. ha sempre cercato posti tranquilli. ☐
4. non va in vacanza in alta stagione. ☐
5. ama la buona cucina. ☐
6. va solo in alberghi vicini all'autostrada. ☐

c) Lesen Sie den Text nochmals und suchen Sie nach den fehlenden Teilen der hier angegebenen Wortverbindungen.

1. Substantiv + Adjektiv oder Adjektiv + Substantiv

a. vacanze attive________ b. uno zaino ____________

c. zone ____________ d. alberghi ____________

e. un centro ____________ f. una vacanza ____________

g. lunghi____________ viaggi h. la ____________ cucina

i. ____________ alberghi j. ____________ passeggiate

2. Verb + Präposition + Substantiv

a. ballare________ in discoteca b. ____________ su per la montagna

c. ____________ in albergo d. ____________ sul letto

3. Zeitbegriffe

a. Non mi alzo più alle______ **cinque** per camminare **ore e** ____________.

b. Ed è ______ **tempo** che non vedo più un centro storico ____________ **giorno**.

c. Non voglio più, **la** ____________, cadere sul letto e addormentarmi ____________.

4. Nützliche Ausdrücke

a. **Non ho** voglia________ di viaggiare in treni **pieni**____________ .

b. Non voglio più cadere sul letto **stanco** ____________ .

c. Vado solo in alberghi **lontani** ____________ **traffico**.

d. A me piace **mangiar** ____________ .

1.7 Anche le immagini possono essere utili

Auch Bilder können nützlich sein

Bilder, die Ihnen irgendwie auffallen, eignen sich hervorragend zum Lernen von Vokabeln. Entsprechendes Bildmaterial finden Sie überall: in Zeitungen, Zeitschriften und Kalendern. Schneiden Sie das aus, was Sie fasziniert, kleben Sie es in Ihr Vokabelheft und schreiben Sie dann auf, was Ihnen dazu einfällt: Reaktionen, Überlegungen, Gedankenassoziationen oder auch nur einzelne Wörter.

Schauen Sie sich die Zeichnungen an und ordnen Sie die Sätze der jeweils passenden Zeichnung zu.

1.

2.

3.

4.

- ☐ a. Che ingorgo!
- ☐ b. Che buffi questi maiali!
- ☐ c. Povera donna!
- ☐ d. È proprio brutta la guerra.
- ☐ e. Il padrone è simpatico.
- ☐ f. Forse è successo un incidente.
- ☐ g. Ha perso tutto.
- ☐ h. Il cane è fiero.
- ☐ i. Due sembrano molto sportivi.
- ☐ j. Sanno saltare i maiali?
- ☐ k. Ha un bel sorriso.
- ☐ l. Ci sono troppe macchine!

Wenn Ihnen etwas zu den Zeichnungen einfällt, zögern Sie nicht und tragen Sie es in Ihr Vokabelheft ein!

1.8 Imparare secondo ambiti tematici

Nach Themenbereichen lernen

Hilfreich ist es, wenn Sie Wörter, die zu einem bestimmten Thema gehören, zusammen lernen. Größere Themenbereiche können Sie wie folgt unterteilen und nach Belieben erweitern. Hier ein Beispiel zum Thema Stadt.

Ordnen Sie folgende Wörter zu.

a. ~~le abitazioni~~	b. la macchina	c. il corso	d. il mercato	e. il viale
f. il bar	g. il museo	h. il centro	i. la piazza	j. la discoteca
k. il ponte	l. l'ospedale	m. il semaforo	n. la boutique	o. l'università
p. la trattoria	q. la periferia	r. la sala giochi	s. il teatro	t. la macelleria
u. il tassì	v. il ristorante	w. la posta	x. il supermercato	y. la strada

la città

1. edifici
la chiesa
le abitazioni

2. fare acquisti
il tabaccaio
il negozio di generi alimentari

3. traffico
l'autobus
la zona pedonale

4. zone
il quartiere

5. locali
il night-club
la pizzeria

1.9 Contrari

Gegensätze

Gegensätze ziehen sich bekanntlich an – und prägen sich auch besser ein, kann man noch hinzufügen, wenn es sich um Wörter und Begriffe handelt. Schlagen Sie also nicht nur das Wort für „schnell" nach, sondern merken Sie sich auch gleich sein Gegenteil.

a) In folgenden Kurzdialogen versteckt sich je ein Gegensatzpaar. Schreiben Sie es auf.

1. – Come stai oggi, bene?
   = Beh, non male come ieri. *bene - male*
2. – Senti, perché non mangiamo fuori?
   = No guarda, stiamo dentro, fuori fa fresco. ______________
3. – È difficile la traduzione?
   = No, è facile. ______________
4. – Non è un po' stretto questo vestito?
   = No, anzi, a me sembra troppo largo. ______________
5. – La pizza è buona solo se è calda.
   = E con una bella birra fredda è ottima. ______________

b) Wer sucht, der findet. Hier lassen sich 10 Gegensatzpaare finden.

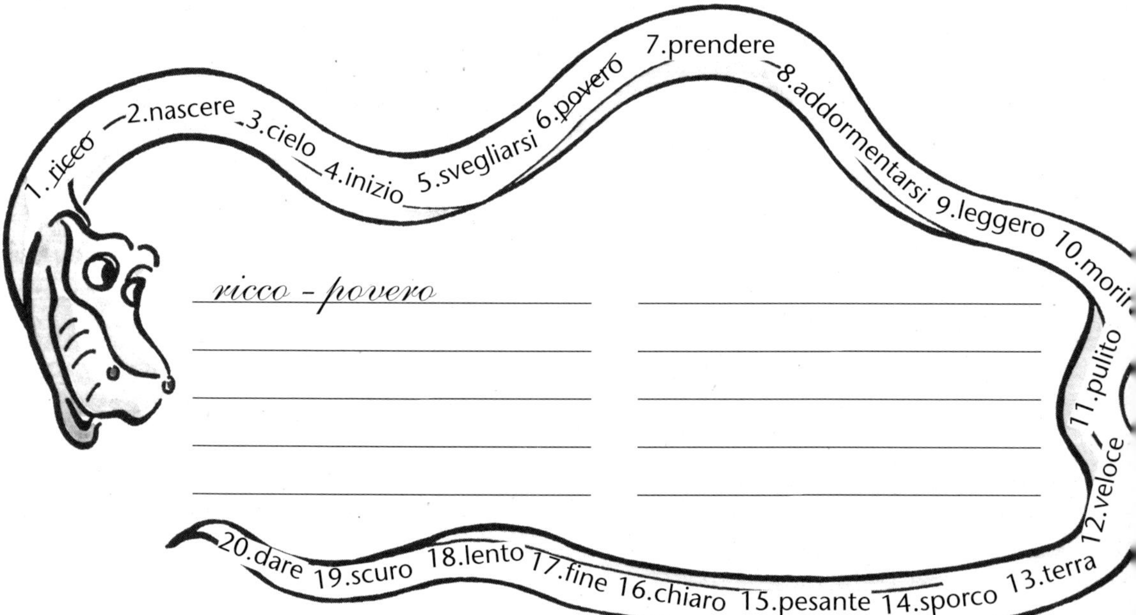

1.10 Famiglie di parole

Wortfamilien

Es gibt Wörter, die wie Familienmitglieder den gleichen Stamm haben. Nützen Sie solche Familienbande, um auf effiziente Art und Weise Ihren Wortschatz zu erweitern. Fragen Sie sich also nicht bloß, was „krank" heißt, sondern suchen Sie auch gleich das Wort für „Krankheit".

a) Tragen Sie die fehlenden Wörter ein, eventuell mit Hilfe des Wörterbuchs.

verbo	sostantivo
1. amare	amore
2. ____________	vita
3. prenotare	____________
4. decidere	____________
5. ____________	permesso
6. sbagliare	____________
7. informare	____________
8. ____________	arrivo

b) Welche Wünsche haben wohl die meisten unter uns? Sie erfahren es, wenn Sie von den angegebenen Wörtern das jeweilige Adjektiv bilden.

1. Chi non vorrebbe essere...

giovane [giovinezza], ____________ [bellezza],

____________ [ricchezza], ____________ [forza],

____________ [salute] e ____________ [simpatia]?

2. Nessuno vuole essere...

____________ [vecchiaia], ____________ [povertà],

e ____________ [malattia].

2. Kapitel

Gruppi di parole
Wortgruppen

1. Lernen Sie Wörter in Gruppen.

Das Prinzip kennen Sie schon: Will man effizient lernen, sollte man Wörter, die zusammengehören, auch zusammen lernen. So zum Beispiel:
- Wörter für Möbel und Einrichtungsgegenstände,
- Wörter für Tage und Tageseinteilungen,
- Zahlen.

2. Achten Sie auf Besonderheiten bei Wortgruppen.

Prägen Sie sich die Besonderheiten einzelner Wortgruppen ein, wie zum Beispiel:
- den Bedeutungsunterschied zwischen
  sabato am nächsten Samstag
  und
  il sabato samstags;
- die Bildung des Perfekts bei den Verben der Bewegung. Bei einigen wird das Perfekt nämlich mit *avere* gebildet, bei anderen hingegen mit *essere*.
  So heißt
  ich bin eingetreten *sono entrato*
  hingegen
  ich bin gegangen *ho camminato.*

2.1 Colori

Farben

Farben merken Sie sich am besten in Verbindung mit etwas, das diese Farbe hat: ein Gegenstand zum Beispiel, eine Frucht oder ein Tier.

a) Welche Farbbezeichnung kommt Ihnen bei Folgendem in den Sinn? Ordnen Sie die angegebenen Wörter zu.

1. *rosso*
2. *giallo*
3. *verde*
4. *azzurro*
5. *arancione*
6. *viola*
7. *grigio*
8. ~~*bianco*~~
9. *nero*
10. *marrone*

il vestito da sposa

a. *bianco*

la cornacchia

b. ____________

il caffè

c. ____________

l'elefante

d. ____________

l'erba

e. ____________

la violetta

f. ____________

il mare

g. ____________

la banana

h. ____________

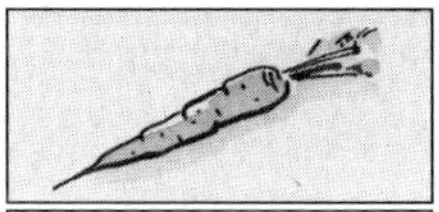

la carota

i. ____________

il cuore

j. ____________

b) Möchten Sie einen Schritt weitergehen und die Farbbezeichnungen im Satz anwenden? Dann ergänzen Sie folgenden Text mit dem jeweils passenden Wort.

arancione	~~bianco~~	bianca	rossi	nere
viola	verdi	gialli	marrone	gialle

Il latte è *bianco* e anche la panna è ____________. Le banane sono ____________ e ____________ sono i limoni. ____________ sono invece le castagne, ____________ i pomodori, ____________ o ____________ le olive, ____________ le melanzane . Arance, albicocche e mandarini sono tutti ____________.

2.2 Mobili, oggetti di arredamento, abbigliamento

Möbel, Einrichtungsgegenstände, Kleidungsstücke

Italienisches Design und italienische Mode sind Ihnen bestimmt ein Begriff und sicherlich kennen Sie auch eine ganze Menge dazugehöriger Bezeichnungen. Versuchen Sie nun, die angegebenen Wörter den Oberbegriffen zuzuordnen.

~~il tavolo~~	le scarpe	il vaso	l'armadio
la giacca	il tappeto	la gonna	il cappotto
la sedia	la camicia	il divano	il quadro
gli stivali	la poltrona	lo specchio	il maglione
la scrivania	la lampada	la camicetta	i pantaloni
le tende	la cravatta	il cuscino	l'impermeabile

mobili	oggetti di arredamento	abbigliamento
il tavolo		

Einen besseren Lerneffekt können Sie erzielen, wenn Sie nun in Ihrem Vokabelheft diese Listen mit eigenen Wörtern ergänzen.

2.3 I giorni

Die Wochentage

a) Um den Freitag nicht mit dem Donnerstag und den Nachmittag nicht mit dem Abend zu verwechseln, sollten Sie versuchen, folgende Begriffe in die passende Spalte einzutragen. Beachten Sie dabei die richtige Reihenfolge.

~~stamattina~~	sera	~~lunedì~~	domani sera
ieri pomeriggio	mercoledì	mattina	stanotte
giovedì	domani mattina	stasera	martedì
~~pomeriggio~~	questo pomeriggio	sabato	
domenica	venerdì	notte	

giorni	**parti della giornata**	**precisazioni**
1. *lunedì*		1. *stamattina*
2. ______	1. ______	2. ______
3. ______	2. *pomeriggio*	3. ______
4. ______		4. ______
5. ______	3. ______	5. ______
6. ______		6. ______
7. ______	4. ______	7. ______

Beachten Sie folgenden Bedeutungsunterschied:
Sabato esco. Am (nächsten) Samstag gehe ich aus.
Il sabato esco. Samstags gehe ich aus.

b) Übertragen Sie nun die deutschen Angaben ins Italienische und ergänzen Sie damit die Sätze.

1. sonntags ______________________ mi alzo tardi.
2. am Dienstagmorgen ______________ devo andare dal dentista.
3. mittwochabends ______________ vado al corso di italiano.
4. am Donnerstagnachmittag ______________________ vado da Anna.

2.4 I mesi e le stagioni

Die Monate und die Jahreszeiten

a) Wie heißen die vier Jahreszeiten auf Italienisch?

1. ______________ 2. ______________ 3. ______________ 4. ______________

b) Graziella berichtet, was sie in welcher Jahreszeit macht. Ergänzen Sie ihre Schilderung mit den erforderlichen Angaben.

1. In estate vado al mare.
2. ______________ vado a sciare.
3. ______________ faccio la vendemmia.
4. ______________ pulisco tutta la casa.

in primavera
in autunno ~~in estate~~
in inverno

c) Die meisten Monate klingen auf Italienisch ähnlich wie auf Deutsch. Sollten Sie sie auf der Zunge haben, helfen Ihnen folgende Angaben bestimmt auf die Sprünge. Vervollständigen Sie die Wörter.

1. ge _ _ _ io	4. ap _ _ _ e	7. lu _ _ _ o	10. ott _ _ _ e
2. feb _ _ _ io	5. mag _ _ o	8. ag _ _ _ o	11. no _ _ _ bre
3. ma _ _ o	6. gi _ _ _ o	9. sett _ _ _ re	12. dic _ _ _ _ e

d) Beantworten Sie nun folgende Fragen, indem Sie mit Hilfe des Datums den entsprechenden Monat angeben.

1. – Quest'anno vado in vacanza in agosto, e Lei?
   = Io ci vado ______________

   10.6 – 24.6

2. – Io sono nata in dicembre, e Lei?
   = Io ______________

   31. 7. 1950

2.5 I numeri
Die Zahlen

a) Welch ein Durcheinander! Entwirren Sie es, indem Sie die Zahlen in die richtige Reihenfolge bringen.

diciassette	~~undici~~	quindici	diciotto	dodici
sedici	quattordici	venti	tredici	diciannove

1. *undici* 2. ______ 3. ______ 4. ______

5. ______ 6. ______ 7. ______ 8. ______

9. ______ 10. ______

b) Haben Sie mit folgenden Zahlen auch Schwierigkeiten? Wenn Sie sie richtig ausschreiben, ergeben die grau unterlegten Kästchen die Verkleinerungsform eines italienischen Namens.

40 ☐☐☐☐■☐☐☐

31 ☐☐☐■☐☐☐☐

58 ☐☐☐☐☐☐☐■☐☐☐☐

101 ☐☐☐☐☐☐☐■

67 ☐☐☐☐☐■☐☐☐☐☐☐☐

1000 ☐■☐☐☐

76 ☐☐☐☐☐■☐☐☐☐☐

8000 ☐☐☐■☐☐☐☐

Lösungswort: ______________________

2.6 L'ora
Die Uhrzeit

a) Wie spät ist es? Ordnen Sie die angegebenen Uhrzeiten den Uhren zu.

e. mezzogiorno e mezza | i. l'una meno un quarto | d. le due e un quarto | b. le due e mezza | a. l'una | c. mezzanotte | f. le tre meno venticinque | g. le tre meno un quarto | h. le due e venticinque | j. mezzogiorno

Sono le...

1. ________ 2. ________ 3. ________ 4. ________ 5. ________

È...

6. ________ 7. ________ 8. ________ 9. ________ 10. ________

b) Anna erzählt, wie ihr Tag aussieht. Ergänzen Sie den Text und schreiben Sie die Uhrzeiten aus.

1. Di solito mi alzo alle  sette e un quarto. 2. Verso le  ________ vado in ufficio. 3. Alle  ________ circa vado a prendere un caffè al bar. 4. Dall'  ________ alle  ________ l'ufficio chiude e io torno a casa. 5. La sera non sono mai a casa prima delle  ________ e non vado quasi mai a letto prima delle  ________.

2.7 L'anno e la data

Die Jahreszahlen und das Datum

a) Können Sie folgende Zahlen ausschreiben? Versuchen Sie es.

1996 ____________________ 1789 ____________________

Diese Zahlen werden zu Jahreszahlen, wenn Sie das Wörtchen *nel* davor setzen:

Nel 1789 è cominciata la rivoluzione francese.	1789 begann die französische Revolution.

b) Schreiben Sie nun aus, wann sich folgende Ereignisse zugetragen haben.

1. 1990 ____________________ c'è stata la riunificazione tedesca.
2. 1492 ____________________ C. Colombo ha scoperto l'America.
3. 1968 ____________________ l'uomo è andato sulla luna.
4. 1989 ____________________ è caduto il muro di Berlino.
5. 1861 ____________________ l'Italia si è unita.

Nur der erste Tag des Monats wird wie im Deutschen mit der Ordnungszahl angegeben. Für alle anderen Tage verwendet man im Italienischen die Grundzahl, zum Beispiel:

Il 1° (primo) febbraio comincio a lavorare.	Am 1. Februar fange ich an zu arbeiten.
Il 2 (due) marzo mi sposo.	Am 2. März heirate ich.
Il 31 (trentun) aprile è il mio compleanno.	Am 31. April habe ich Geburtstag.

c) Sie können nun sicherlich folgende Daten auf Italienisch angeben.

1. La festa nazionale italiana è ____________________.
2. La festa nazionale tedesca è ____________________.
3. La festa nazionale francese è ____________________.
4. La festa nazionale svizzera è ____________________.

2. Juni
3. Oktober
14. Juli
1. August

2.8 Auguri

Wünsche und Glückwünsche

a) Das richtige Wort zur richtigen Zeit. Bei Wünschen und Glückwünschen ist das ganz besonders wichtig. Was würden Sie bei folgenden Gelegenheiten sagen?

a. Buon viaggio!	b. Buona Pasqua!	c. Buona notte!
d. Buon Natale!	e. Buon divertimento!	f. Buon compleanno!
g. Salute!	h. Tanti auguri!	i. Auguri!

1. ☐

2. ☐

3. ☐

4. ☐

5. ☐

6. ☐

7. ☐

8. ☐

9. ☐

b) Ohne* buono *sind folgende Wünsche und Glückwünsche null und nichtig. Aber mit welcher der angegebenen Formen von* buono *müssen Sie jeweils vervollständigt werden? Tragen Sie die passende Form ein.

1. *Buone* feste!
2. __________ riposo!
3. __________ lavoro!
4. __________ appetito!
5. __________ fortuna!
6. __________ anno!
7. __________ vacanze!
8. __________ serata!

Buona ~~Buone~~ Buon Buona Buon Buon Buone Buon

2.9 Opinioni

Meinungsäußerungen

a) Ihre Meinung über einen Film zum Beispiel kann positiv (☺), negativ (☹) oder auch zurückhaltend (😐) sein. Welche Haltung drücken Sie mit den angegebenen Antworten aus? Ordnen Sie die Sätze der entsprechenden Spalte zu.

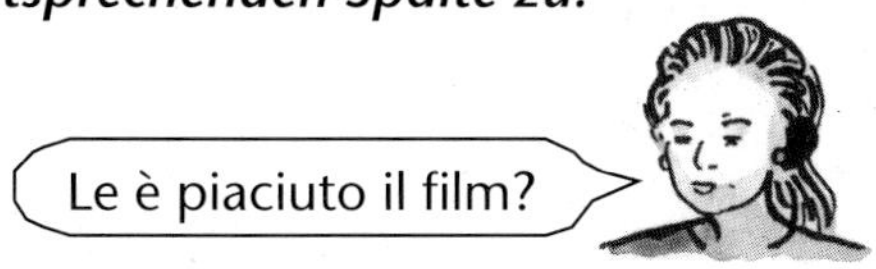

1. ~~Come~~ no!
2. Molto, sì.
3. Per carità!
4. Così così.
5. Insomma.
6. Certo, tantissimo.
7. No, per niente.
8. No, affatto.
9. Certo, eccome!
10. Mah, non tanto.
11. Enormemente!
12. Mah, non so.

☺ positivo	☹ negativo	😐 riservato
Come no!		

b) Vielleicht möchten Sie längere Antworten geben? Auch da haben Sie mehrere Möglichkeiten. Ordnen Sie zu.

☺ 1. Come no!					
☹ 2. No, affatto.					
😐 3. Così così.					

a. Secondo me non vale niente.
b. Lo trovo troppo noioso.
c. È divertentissimo!
d. Ne ho visti di migliori.
e. È uno schifo!
f. È fatto molto male.
g. Per me è un vero capolavoro.
h. Lo trovo bellissimo.
i. È un po' lungo, ma non è male.
j. È proprio brutto.
k. Alcune cose sono belle altre no.
l. Lo trovo geniale.

2.10 Esprimere delusione, gioia, meraviglia

Enttäuschung, Freude, Erstaunen ausdrücken

Schon die vorhergehende Übung hat gezeigt: Nicht immer können Sie sich mit einzelnen Wörtern begnügen. Manchmal geht es gar um ganze Sätze, so auch bei Gemütszuständen.

Drücken die Antworten der Kurzdialoge Enttäuschung, Freude oder Erstaunen aus? Ordnen Sie sie in die passende Spalte ein.

1. – La settimana prossima non devo lavorare.
   = Ma è fantastico!
2. – Scusa, ma non ho pensato al dessert.
   = Peccato!
3. – Senti, non possiamo andare a Parigi; si è ammalato un collega e adesso devo lavorare.
   = Oh, no! Di' che non è vero!
4. – Hai sentito che ha vinto il Milan?
   = Che bello!
5. – Sai che Ciambelli è il nuovo direttore?
   = Ma no, ma com'è possibile?
6. – Ho avuto fortuna: il lavoro mi piace, i colleghi sono gentili...
   = Sono contento per te.
7. – Sapevi che la signora Frenzelin ha già 60 anni?
   = No, davvero?
8. – Scusa, ma non posso venire alla festa, ho un impegno.
   = Oh, mi dispiace!
9. – Ho saputo che Franco porta il parrucchino.
   = Ma guarda un po'!
10. – Che ne diresti di passare il fine settimana al mare?
    = Ottima idea!
11. – Sai che Gianna si è sposata?
    = No, ma dici sul serio?
12. – Sai che la squadra italiana è al decimo posto?
    = No, che delusione!

delusione	**gioia**	**meraviglia**
______	______	______
______	______	______
______	______	______
______	______	______

2.11 Verbi di movimento

Verben der Bewegung

a) Was für Bewegungen sind hier dargestellt? Schreiben Sie die unten angegebenen Verben zum jeweils passenden Bild.

viaggiare	cadere	scendere	camminare
entrare	saltare	correre	nuotare
salire	ballare	sciare	uscire

1. ______________ 2. ______________ 3. ______________ 4. ______________

5. ______________ 6. ______________ 7. ______________ 8. ______________

9. ______________ 10. ______________ 11. ______________ 12. ______________

Einige Verben der Bewegung bilden das Perfekt mit *essere,* andere hingegen mit *avere.* Um Fehler zu vermeiden merken Sie sich am besten die Verben, bei denen Sie im Perfekt *avere* verwenden müssen.

b) Schreiben Sie nun, was Herr Immerunterwegs getan hat, indem Sie die angegebenen Verben ins Perfekt setzen.

1. salire — È salito ______________ a piedi al 5° piano.
2. camminare ______________ per ore e ore.
3. sciare ______________ tutto il giorno.
4. uscire ______________ senza ombrello.
5. nuotare ______________ da solo.
6. viaggiare ______________ molto.

3. Kapitel

Argomenti

Themen

1. Sammeln Sie Wörter und Ausdrücke zu bestimmten Themen.

Wenn Sie ein Thema interessiert, sammeln Sie am besten dazugehörige Wörter und Ausdrücke. So zum Beispiel:
- zum Thema Ferien,
- zum Thema Wohnen,
- zum Thema Berufe.

2. Merken Sie sich zu bestimmten Themen auch Sätze.

Bei einigen Themen ist es sinnvoll, sich ganze Sätze zu merken. Das gilt zum Beispiel bei Angaben zur Person, bei Personenbeschreibungen und beim Wetter.

3. Übungen eignen sich als Vorbild.

Die eine oder andere Übung könnten Sie als Vorbild betrachten und Ihre Eintragungen ins Vokabelheft ebenso vornehmen. So zum Beispiel:
- Zeichnungen bei abstrakten Begriffen,
- das Zeichnen und Benennen von konkreten Dingen,
- Aufteilungen in Untergruppen,
- Wortnetze.

3.1 Indicazioni sulla persona

Angaben zur Person

a) Zwei Personen stellen sich vor. Lesen Sie den Text und ergänzen Sie ihn mit den angegebenen Wörtern.

1. Sono Ho lavoro Mi chiamo divorziata abito Sono

__________ Claudia Buzzi. __________ di Alessandria, ma da dieci anni __________ e __________ a Bergamo. __________ impiegata in una ditta di import - export. __________ due figli e da quattro anni sono __________ .

2. senza a nato sono lavoro ho sposato

Io __________ Walter. Sono __________ a Bologna, __________ 31 anni e da tre anni sono __________ , __________ figli. Abito ____ Trieste, ma __________ a Monfalcone.

b) Claudia möchte eine Umschulung machen. Ergänzen Sie ihr Anmeldeformular mit Hilfe der Informationen aus Teil a).

Dati personali

Cognome: __________ **Nome:** __________ **Professione:** __________

Luogo di nascita: __________ **Data di nascita:** 14. 2. 1967

Cittadinanza: __________

Residenza: __________

c) Sie möchten von einer netten Person einiges erfahren. Ordnen Sie die Fragen dem passenden Inhalt zu.

1. Wie sie heißt.
2. Wie alt sie ist.
3. Welchen Beruf sie ausübt.
4. Wo sie geboren wurde.
5. Wo sie wohnt.
6. Ob sie verheiratet ist.
7. Ob sie Kinder hat.

a. Dove abita?
b. Ha figli?
c. È sposato, -a?
d. Che lavoro fa?
e. Quanti anni ha?
f. Come si chiama?
g. Di dov'è?

1.	
2.	
3.	
4.	
5.	
6.	
7.	

3.2 Paesi e nazionalità

Länder und Nationalitäten

Lernen Sie den Namen eines Landes gleich mit dem dazugehörigen Artikel.
Im Gegensatz zum Deutschen wird er nämlich meistens verwendet:
L'Italia è un bel paese. Italien ist ein schönes Land.
Kein Artikel steht hingegen, wenn vor dem Ländernamen *in* steht:
Sono nata in Italia. Ich wurde in Italien geboren.

a) Ergänzen Sie das fehlende Land oder die fehlende Nationalitätsbezeichnung. Einige schwierige Wörter haben wir für Sie angegeben. Die anderen Vokabeln, die ergänzt werden müssen, bereiten Ihnen sicherlich keine Schwierigkeiten.

ungherese | israeliana | la Svezia
la Turchia | giapponese | polacca

paese	nazionalità	paese	nazionalità
1. l'Italia	*italiana*	8. ______	canadese
2. ______	portoghese	9. Israele	______
3. la Germania	______	10. l'Ungheria	______
4. ______	brasiliana	11. l'Inghilterra	______
5. la Polonia	______	12. ______	greca
6. l'Irlanda	______	13. il Giappone	______
7. ______	turca	14. ______	svedese

b) Leute unterschiedlicher Nationalität treffen sich. Lesen Sie den Text und ergänzen Sie die fehlenden Länder- und Nationalitätsangaben. Die Länderkennzeichen helfen Ihnen dabei.

1. John è *inglese*, di Londra, ma abita in (CH) ______ .
2. Carla e Pierre stanno in (F) ______ ; lui è ______ , di Parigi, lei invece è ______ , di Firenze.
3. Ueli e Vreni stanno in (A) ______ , ma non sono ______ , sono ______ , di Zurigo.
4. Sharon è ______ , di New Orleans e vive in (NL) ______ .
5. Juan è ______ , di Madrid.

3.3 Professioni

Berufe

Bei den Berufsbezeichnungen ist es sinnvoll, die männliche und die weibliche Form zusammen zu lernen. Merken Sie sich dabei einige Regeln:

- Endet die männliche Form auf *-o*, dann endet die weibliche auf *-a*: *l'impiegato/l'impiegata.*
- Endet die männliche Form auf *-ista*, endet auch die weibliche auf *-ista: il farmacista/la farmacista.*
- Endet die männliche Form auf *-tore*, so endet die weibliche meist auf *-trice: lo scrittore/la scrittrice.*
- Einige Berufsbezeichnungen haben nur eine männliche Form, z. B. *il medico* der Arzt, die Ärztin.

a) Ergänzen Sie folgende Listen mit der jeweils fehlenden Form.

1. l'infermiere	l' infermiera	2. l'impiegato	l' ________
3. il ________	la parrucchiera	4. l'operaio	l' ________
5. lo studente	la ________	6. l'attore	l' ________
7. il ________	la professoressa	8. il ________	la traduttrice
9. il giornalista	la ________	10. l'ingegnere	l' ________
11. l' ________	l'insegnante	12. il dentista	la ________
13. l'apprendista	l' ________	14. l' ________	l'avvocato

b) Lesen Sie nun, was ein paar Leute über ihren Beruf sagen. Halten Sie dann fest, um welchen der hier angegebenen Berufe es sich jeweils handelt.

a. segretaria b. maestra c. cameriera d. cantante

☐ 1. Nel mio mestiere si lavora di sera e si può guadagnare moltissimo.

☐ 2. Io vorrei cambiar lavoro; il mio è faticoso e mal pagato. Quando i clienti mi danno poca mancia guadagno pochissimo.

☐ 3. Io sono contenta del mio lavoro: è ben pagato, non lavoro più di otto ore al giorno e ho il fine settimana libero.

☐ 4. La mia professione mi piace molto: è bello vedere come i bambini imparano a leggere e a scrivere. E poi ho anche molte vacanze.

3.4 Famiglia e parentela

Familie und Verwandtschaft

Bevor Sie mit der Übung anfangen, erinnern Sie sich bitte daran, dass es für Enkel und Neffe bzw. Enkelin und Nichte im Italienischen nur ein Wort gibt: *il nipote* bzw. *la nipote.* Denken Sie auch daran, dass Verwandtschaftsbezeichnungen, die männlich im Plural stehen, mehrere Bedeutungen haben: So kann zum Beispiel *gli zii* die Onkel aber auch die Onkel und Tanten heißen. Gleich drei verschiedene Bedeutungen hat *i figli:* die Söhne, die Kinder, die Töchter und die Söhne.

a) Im Stammbaum hat man bei vier Leuten vergessen, den Namen anzugeben. Wie die vier Personen heißen, können Sie folgenden Informationen entnehmen. Lesen Sie sie durch, schauen Sie sich den Stammbaum genau an und tragen Sie dann die fehlenden Namen ein.

Ezio non è sposato, anche se non è più tanto giovane. Secondo lui è meglio vivere da single che annoiarsi in due davanti alla televisione.

Sara ha 25 anni, è fidanzata e vuole sposarsi al più presto.

Lucia è figlia unica, ha il ragazzo, ma non pensa ancora al matrimonio.

Anna è vedova da pochi mesi. È ancora molto giù, anche se i figli le stanno vicini il più possibile.

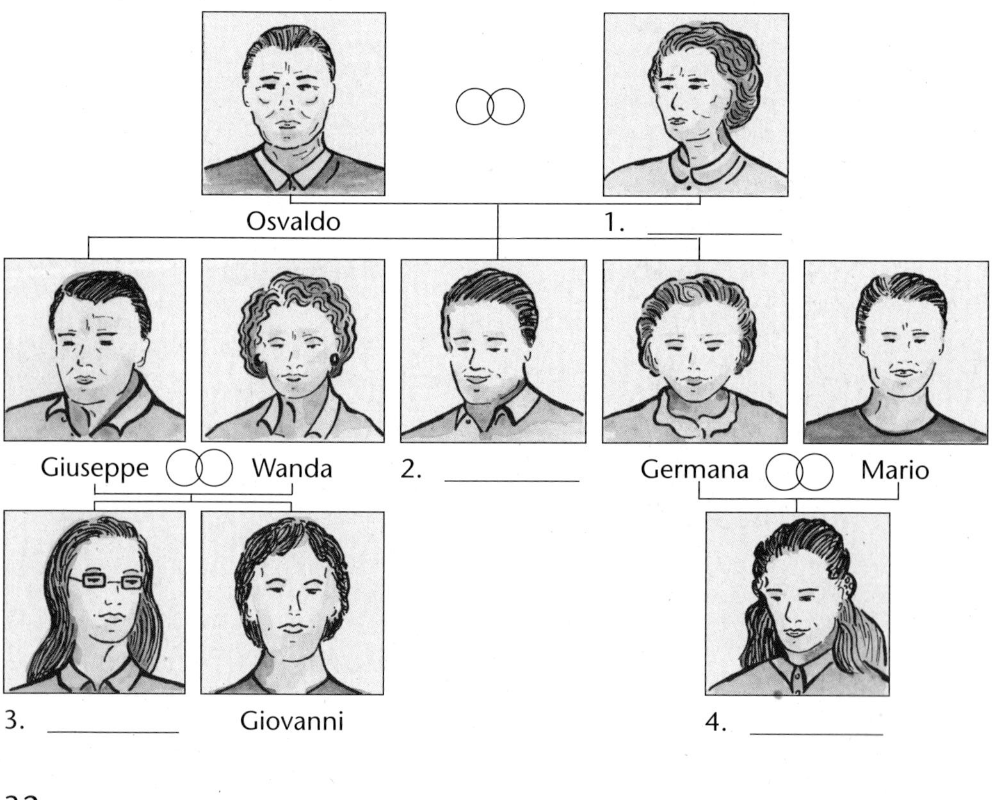

b) Wie lassen sich folgende Familien- und Verwandtschaftsbezeichnungen bei den Violettas anwenden? Schauen Sie sich den Stammbaum genau an und ergänzen Sie dann die Sätze mit dem jeweils passenden Wort.

il nipote | i genitori | la figlia | lo zio | la cugina | la sorella | il nonno | la moglie | il cugino | i cugini | i nipoti | il padre | i figli | il marito | la madre | i nonni | la nonna | il figlio | la zia | gli zii | il fratello

1. Osvaldo e Anna sono ____________________ di Ezio.
2. Ezio è ____________________ di Sara e Giovanni.
3. Sara e Giovanni sono ____________________ di Lucia.
4. Lucia è ____________________ di Germana.
5. Germana è ____________________ di Mario.
6. Mario e Germana sono ____________________ di Sara.
7. Sara è ____________________ di Giovanni.
8. Giovanni è ____________________ di Osvaldo.
9. Osvaldo e Anna sono ____________________ di Lucia.
10. Lucia, Sara e Giovanni sono ____________________ di Ezio.
11. Ezio è ____________________ di Giuseppe.
12. Giuseppe è ____________________ di Wanda.
13. Wanda è ____________________ di Sara.

c) Ordnen Sie die übrig gebliebenen Wörter ihrer deutschen Entsprechung zu.

1. Goßmutter	____________	2. Cousin	____________
3. Tante	____________	4. Vater	____________
5. Großvater	____________	6. Kinder/Söhne	____________
7. Cousine	____________	8. Sohn	____________

3.5 Descrivere una persona

Eine Person beschreiben

Ganze Sätze erleichtern das Beschreiben von Personen. Ganz besonders gut lassen sich die dazu nötigen Wörter und Ausdrücke einprägen, wenn Sie damit Freunde, Bekannte und Verwandte beschreiben:

Mio marito ha i baffi.	Mein Mann hat einen Schnauzbart.
Mio padre è già anziano.	Mein Vater ist schon alt.
Mia sorella è alta e snella.	Meine Schwester ist groß und schlank.

Auf welche der beiden Personen beziehen sich folgende Sätze? Ordnen Sie sie zu.

1. È piccolo.
2. È anziano.
3. È grasso.
4. È giovane.
5. È alto.
6. È brutto.
7. È mal vestito.
8. È carino.
9. Ha i baffi.
10. Porta gli occhiali.
11. Ha un bel naso dritto.
12. È snello.
13. Ha i capelli corti e biondi.
14. Ha la barba.
15. Porta un cappello.
16. Ha i capelli lunghi e castani.
17. Porta dei pantaloni chiari.
18. È ben vestito.

A:

B:

3.6 Abitare

Wohnen

a) Welche der angegebenen Wörter bezeichnen Teile eines Hauses, welche hingegen Gegenstände aus dem Hausrat? Tragen Sie sie in die passende Liste ein.

1. ~~la cucina~~	2. la camera da letto	3. il corridoio	4. la forchetta
5. la tazza	6. la lavastoviglie	7. l'ascensore	8. la pentola
9. la porta	10. l'impianto stereo	11. l'aspirapolvere	12. la finestra
13. il frigorifero	14. la cantina	15. le scale	16. il gabinetto
17. la lavatrice	18. il coltello	19. il pianterreno	20. l'ingresso
21. il balcone	22. il bicchiere	23. il cucchiaio	24. il televisore
25. la terrazza	26. il piatto	27. il garage	28. il soggiorno
29. il bagno	30. il cucchiaino	31. la tovaglia	32. il frullatore

casa		**oggetti**	
la cucina	________	________	________
________	________	________	________
________	________	________	________
________	________	________	________
________	________	________	________
________	________	________	________
________	________	________	________
________	________	________	________

b) Für die Beschreibung von Haus und Wohnung könnte auch Folgendes von Nutzen sein. Lesen Sie die erste Aussage und ergänzen Sie dann die zweite mit dem jeweiligen Gegenteil der hervorgehobenen Wörter.

sporca rumorosa antichi vecchia buie

A me piace abitare in una casa **nuova**, **tranquilla** e **pulita**, con mobili **moderni** e stanze **luminose**.

Nemmeno a me piace stare in una casa ____________, ____________ e ____________, con mobili ____________ e stanze ____________.

3.7 Sentimenti e stati d'animo

Gefühle und Stimmungen

Abstrakte Begriffe können Sie sich mit Hilfe einer Zeichnung besser einprägen, so zum Beispiel Wörter, die Gefühle und Stimmungen beschreiben.

Schreiben Sie folgende Adjektive unter die jeweils passende Zeichnung.

indifferente · preoccupato · innamorato · arrabbiato · felice · disperato · deluso · triste

1. ______________________

2. ______________________

3. ______________________

4. ______________________

5. ______________________

6. ______________________

7. ______________________

8. ______________________

3.8 Occupazioni nel tempo libero

Freizeitbeschäftigungen

Freizeitbeschäftigungen gibt es viele. Mit wenigen Verben können Sie jedoch schon einiges ausdrücken. Wie wär's also, wenn Sie sich ganz einfach merken würden, welche Substantive mit welchem Verb verbunden werden?

Ordnen Sie folgende Wörter dem passenden Verb zu.

1. ~~dello sport~~	2. a teatro	3. una mostra	4. a bridge	5. un fumetto
6. il piano	7. un libro	8. uno spettacolo	9. a bocce	10. ginnastica
11. il violino	12. di italiano	13. la televisione	14. di disegno	15. la musica
16. a maglia	17. la partita	18. una passeggiata	19. al cinema	20. una rivista
21. a carte	22. di cucina	23. un film	24. di fotografia	25. il giornale
26. uno strumento		27. a scacchi	28. in discoteca	29. il jogging
30. a ballare		31. la chitarra		

FARE

dello sport

ANDARE

ANDARE A VEDERE

SUONARE

LEGGERE

GIOCARE

FREQUENTARE UN CORSO

LAVORARE

ASCOLTARE

GUARDARE

3.9 Lo sport

Der Sport

Beim Thema Sport ist es ganz sinnvoll, wenn Sie außer der Sportart das dazugehörige Verb gleich mitlernen.

Schreiben Sie die Sportart und das dazugehörige Verb unter die passende Zeichnung.

~~il calcio~~ ~~pattinare~~ giocare a tennis la pallacanestro nuotare
far vela giocare a pallavolo il tennis il judo giocare a calcio fare del windsurf
il nuoto la vela l'equitazione giocare a golf lo sci il windsurf la pallavolo
andare a cavallo far judo il golf il pattinaggio giocare a pallacanestro sciare

1. pattinare ______

2. ______

3. ______

4. ______

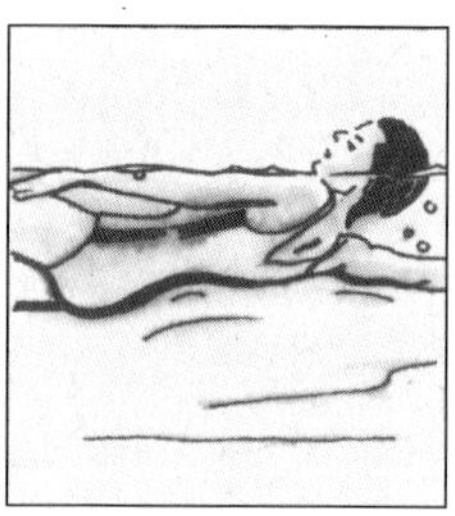

5. ______

6. ______

7. ______

8. il calcio ______

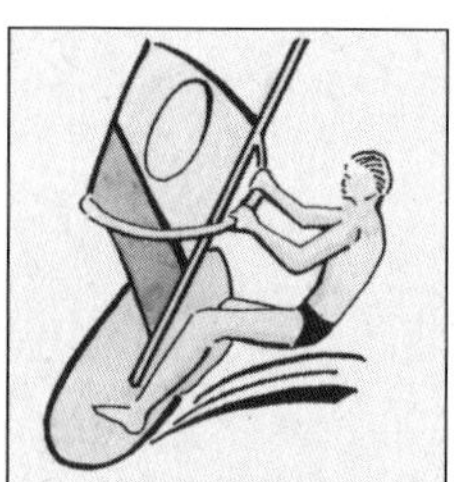

9. ______

10. ______

11. ______

12. ______

3.10 Paesaggi

Landschaften

Zeichnen Sie gerne? Dann könnten Sie im Anschluss an diese Übung selbst eine Landschaft zeichnen und die entsprechenden Wörter dazuschreiben.

Wo würden Sie folgende Wörter eintragen?

l'albero	il cielo	l'isola	la nuvola	la spiaggia	la baia	la collina
il lago	l'onda	la valle	il bosco	la costa	il mare	la vetta
il paese	il campo	il fiume	la montagna	la pianura		

3.11 Mezzi di trasporto

Verkehrsmittel

Wie gehen oder fahren Sie zur Arbeit? Mit dem Auto, dem Fahrrad oder vielleicht gar zu Fuß? Wenn Sie auf Italienisch antworten möchten, könnte Folgendes nützlich sein. Benutzen Sie anstelle der Zeichnungen jeweils eines der folgenden Wörter.

aereo	motorino	motocicletta	tram	autobus	macchina
macchina	bicicletta	metropolitana	piedi	treno	

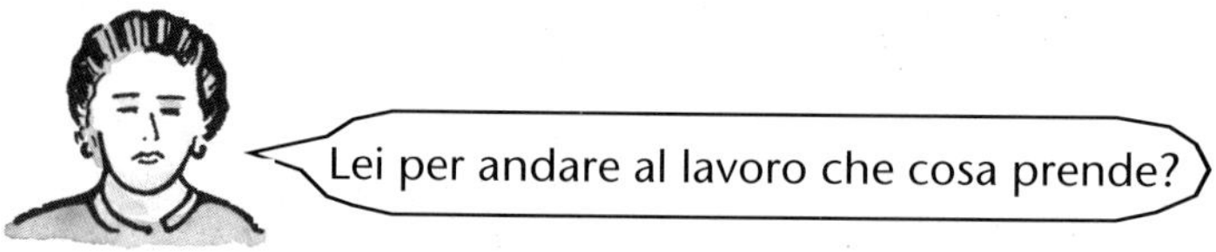

1. Io prendo la  ____________________, anche perché devo portare il bambino a scuola.

2. Io invece in città non guido volentieri, preferisco prendere l'  ________________ o il 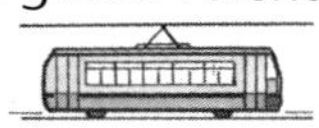 _______________.

3. Io vado ancora a scuola; ci vado in  _____________________ è pratico e veloce.

4. Io per fortuna abito a Milano e per andare al lavoro posso prendere la  _______________________________.

5. La ditta dove lavoro è vicina a casa mia e ci vado a 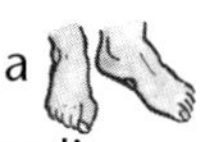 ________________ oppure in  _____________________ quando è tardi.

6. A me piace molto andare in  _____________________________; la prendo anche per andare al lavoro.

7. Io sono fotografo e per il mio lavoro devo viaggiare molto. Normalmente viaggio in  ______________________, qualche volta anche in  ________________, quando invece devo andare in paesi lontani prendo l'  _______________.

Merken Sie sich, wie das Wort für das Verkehrsmittel mit dem Verb verbunden wird. Es heißt ***prendere il*** *treno*, ***prendere la*** *macchina …*, aber ***andare*** oder ***viaggiare in*** *treno*, ***andare*** oder ***viaggiare in*** *macchina …*

3.12 Oggetti del mondo moderno

Gegenstände der modernen Welt

Man kommt kaum mehr um sie herum, um die Gegenstände der modernen Welt. Einen Vorteil haben sie jedenfalls: oft sind ihre Bezeichnungen international.

Machen Sie gleich eine Probe auf's Exempel und schreiben Sie folgende Wörter unter die passende Zeichnung.

il videoregistratore — il fax — il computer — il telefonino — la carta telefonica — il walkman — il telefono portatile — il dischetto — l'autoradio — il citofono — la videocassetta — la videocamera — il telecomando — la segreteria telefonica — la musicassetta

1. ______________________

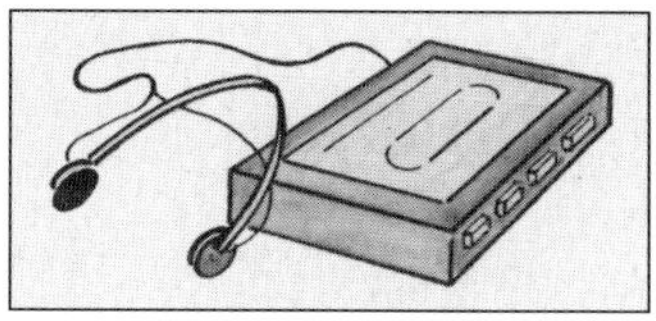
2. ______________________

3. ______________________

4. ______________________

5. ______________________

6. ______________________

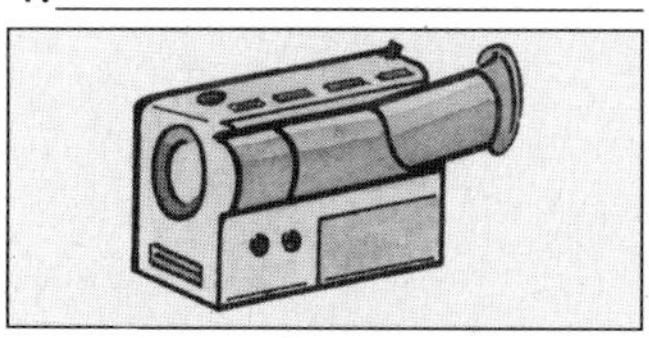
7. ______________________

8. ______________________

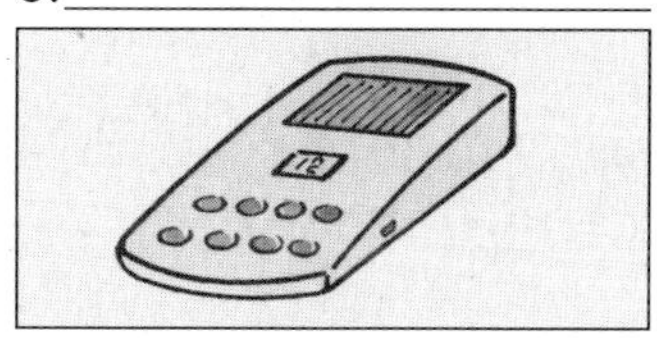
9. ______________________

10. ______________________

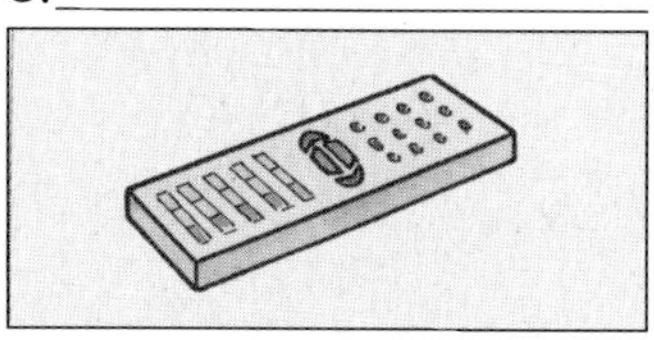
11. ______________________

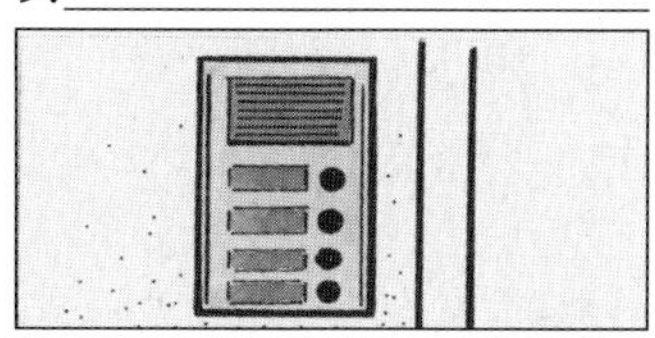
12. ______________________

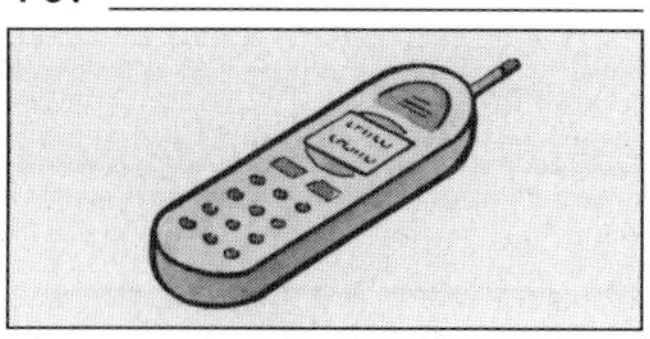
13. ______________________

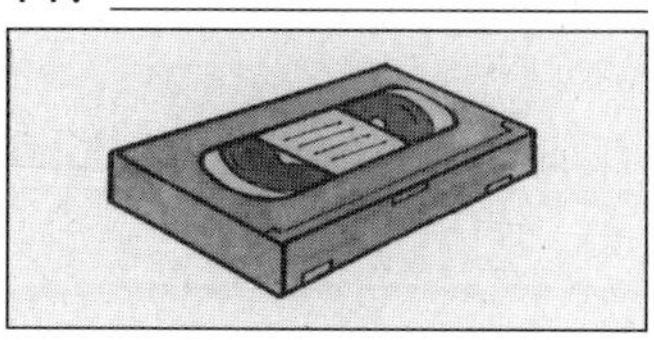
14. ______________________

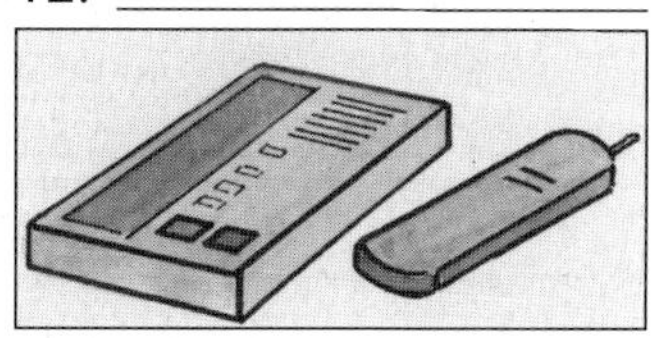
15. ______________________

3.13 Oggetti di uso quotidiano

Gegenstände für den Alltagsgebrauch

Che giornata! Was für ein Tag! Um zu erfahren warum, müssen Sie lediglich den Text ergänzen. Folgende Wörter helfen Ihnen dabei. Achtung, einige kommen mehrmals vor!

agendina	rasoio elettrico	spazzolino da denti	pettine
soldi	sveglia	penna	asciugamano
fazzoletti	orologio	chiave	telefono
rossetto	occhiali	borsetta	portafoglio
ombrello	rasoio		

1. Che giornata! Volevo dormire a lungo, invece alle 6.30 suona la  ______________. 2. Per fortuna mi riaddormento, ma poco dopo squilla il  ______________. 3. Mi alzo per andare a rispondere e metto un piede sull'  ______________ che, non so perché, è per terra accanto alla mia  ____________. 4. Più tardi, in bagno, voglio prendere lo  ______________________ e tocco il  ______________________ di Mario e naturalmente il 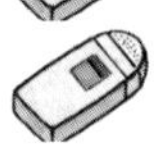 ___________ cade e si rompe. 5. Quando esco dalla doccia sono le 9.10, è tardi, alle 9.30 devo essere alla stazione.

6. Prendo l'  ________________, mi asciugo, mi vesto, prendo un  ____________ e via. 7. A metà strada mi accorgo che ho preso un  ____________ che non si apre, ma per fortuna non piove molto forte.

8. Arrivo alla stazione alle 9.25, ho ancora il tempo di mettermi un po' di 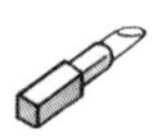 ___________. 9. Apro la  _____________: è vuota.

10. Accidenti, ho preso la  _____________ sbagliata e così ho lasciato a casa  ______________,  ____________,  ______________,  ______________,  ______________,  ____________,  ______________ e 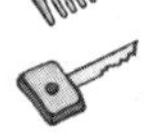 ____________ della macchina.

3.14 Negozi e commercianti

Läden und Händler

Nicht immer wird Ihnen der Name eines Geschäfts geläufig sein. Denken Sie in solchen Fällen daran, dass er oft ähnlich klingt, wie der Name einer Ware, die in dem Laden verkauft wird.

Ergänzen Sie nun die Sätze mit folgenden Wörtern und Sie werden wissen, wo man in Italien was kauft.

profumeria	fioraio	enoteca	panetteria	pescivendolo	libreria
salumeria	macellaio	fruttivendolo	giornalaio	supermercato	
farmacia	grandi magazzini	tabaccaio			

1. Le medicine si comprano in ______________ .
2. Per la carne si va dal ______________ .
3. Sigarette, francobolli e sale si trovano dal ______________ .
4. Per profumi e cosmetici è bene andare in ______________ .
5. Chi non ha tempo e voglia di andare in tanti negozi per fare la spesa va

   al ______________ .
6. Ai ______________ si trovano vestiti, biancheria, accessori e altro ancora.
7. Per il pane si va in ______________ .
8. Salame, prosciutto e formaggio sono buoni in ______________

   e se si vuole del buon vino bisogna andare all' ______________ .
9. Dal ______________ si trovano frutta e verdura fresca.
10. Per il pesce fresco è bene andare dal ______________ .
11. I giornali si comprano dal ______________ , i libri in ______________ ,

    per i fiori invece si va dal ______________ .

3.15 Alimenti di base, frutta e verdura

Grundnahrungsmittel, Obst und Gemüse

Bei Violettas scheinen Kühl- und Vorratsschrank leer gegessen worden zu sein, jedenfalls fehlt einiges. Aber was fehlt genau? Halten Sie die Wörter für Obst, Gemüse und Sonstiges auseinander, indem Sie sie in die passende Liste eintragen.

In casa mancano tante cose:

1. le mele	2. l'insalata	3. lo zucchero	4. la pasta	5. gli spinaci
6. l'olio	7. i pomodori	8. le pere	9. le arance	10. le carote
11. il riso	12. i limoni	13. l'uva	14. le patate	15. i broccoli
16. le banane	17. il pesce	18. il pane	19. i fagiolini	20. la carne
21. il formaggio	22. le fragole	23. le zucchine	24. le ciliegie	25. le pesche
26. le melanzane	27. le uova	28. il latte	29. le cipolle	30. le albicocche

FRUTTA	VERDURA	ALTRO

Merken Sie sich Folgendes: *Gi spinaci* , der Spinat, wird im Italienischen im Plural verwendet. *L'uva,* die Trauben, hingegen im Singular.

3.16 Piatti italiani

Italienische Gerichte

Andere Länder, andere Sitten - auch beim Essen. So wird ein Italiener kaum mit einem Salat eine Mahlzeit beginnen, ebenso wenig wie er Nudeln und Fleisch gleichzeitig isst oder eine Mahlzeit aus einer Suppe und einem Nudelgericht zusammenstellt.

Zeigen Sie, was Sie über die italienische Esskultur wissen und füllen Sie die Speisekarte mit folgenden Gerichten aus.

gnocchi	cozze alla marinara	arrosto di vitello	minestrone
grigliata di pesce	macedonia	fagiolini	insalata di mare
lasagne	ossobuco	panna cotta	insalata verde
pollo arrosto	risotto	antipasto misto	spinaci
torta della casa	patate arrosto	prosciutto e melone	sogliola ai ferri

Antipasti

Pesce

Primi piatti

Contorni

Secondi piatti

Carne

Dessert

3.17 Vacanze

Ferien

Hier einige Wörter und Ausdrücke zum Thema Ferien. Tragen Sie sie in das Wortnetz ein.

la ~~stazione~~ l'~~albergo~~ la ~~montagna~~ la ~~valigia~~ ~~divertirsi~~
prendere il sole il mare la borsa da viaggio il supplemento
l'assegno visitare una città la carta di credito l'arrivo la tenda
la partenza fare dello sport il campeggio l'aeroporto il lago
la pensione l'assegno turistico il biglietto la roulotte il passaporto
il camper riposarsi l'autostrada la guida la campagna
l'appartamento il porto la dogana la villetta

3.18 Il tempo

Das Wetter

Auf welche Zeichnungen beziehen sich folgende Aussagen? Ordnen Sie zu.

1. Oggi fa bel tempo. C'è il sole e fa caldo.
2. In questo momento c'è un temporale abbastanza violento con grandine.
3. Da noi fa brutto tempo, il cielo è coperto e c'è un gran vento.
4. Qui fa freddo: ci sono due gradi sotto zero; nevica.
5. C'è nebbia, fa freddo: ci sono solo 6 gradi sopra zero.
6. Qui da noi piove da stamattina e fa un po' fresco.

A ☐

B ☐

C ☐

D ☐

E ☐

F ☐

3.19 Che cosa si fa durante una giornata?

Was tut man im Verlauf eines Tages?

Ein ganz normaler Tag bei Herrn und Frau Violetta. Wie spielt er sich ab? Zu jedem Bild passt eine der folgenden Tätigkeiten. Schreiben Sie sie unter die Bilder.

a. Lava i piatti.	b. Si alza.	c. Torna a casa.
d. Si veste.	e. Si fa la barba.	f. Vanno a letto.
g. Apparecchia.	h. Si trucca.	i. Si sveglia.
j. Fa la spesa.	k. Dormono.	l. Fanno colazione.
m. Fa la doccia.	n. Fa pulizia.	o. Cenano.

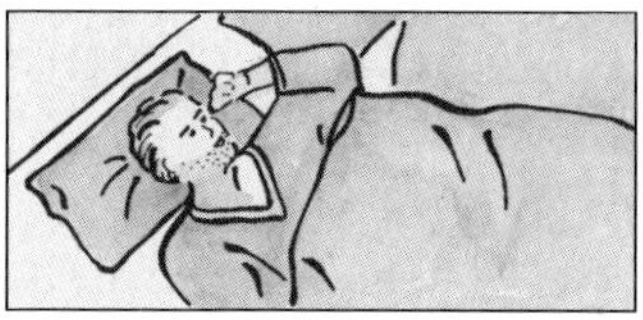

1. ____________

2. ____________

3. ____________

4. ____________

5. ____________

6. ____________

7. ____________

8. ____________

9. ____________

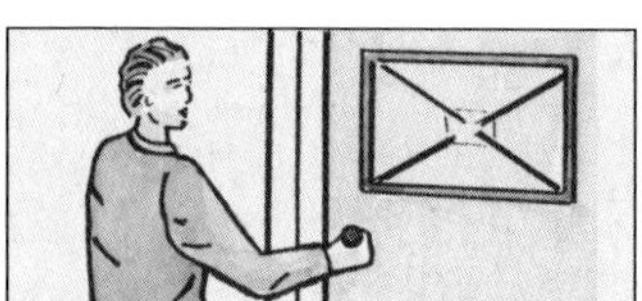

10. ____________

11. ____________

12. ____________

13. ____________

14. ____________

15. ____________

4. Kapitel

Formazione delle parole

Wortbildung

1. Ein Wort ist mehr als eine Ansammlung von Buchstaben.

Oft setzt sich ein Wort aus einem Grundwort und einer Vorsilbe bzw. Endung zusammen. Das so entstandene Wort hat dann eine andere Bedeutung als das Grundwort:

- *possibile* möglich > *impossibile* unmöglich,
- *fare* tun > *rifare* erneut tun,
- *ragazzo* Junge > *ragazzino* kleiner Junge.

Es ist wichtig ein Grundwort bestimmen zu können und die Bedeutung der Vorsilbe bzw. Endung zu kennen. Richten Sie also in Ihrem Vokabelheft ein Kapitel Wortbildung ein, und listen Sie dort die Wörter auf, die nach bestimmten Kriterien gebildet werden. Doch Vorsicht, manchmal trügt der Schein! Das Wörterbuch hilft Ihnen bei der Kontrolle.

2. Manchmal benötigt man mehr als ein Wort, um einen Begriff auszudrücken.

Manche Begriffe setzen sich aus zwei Wörtern zusammen. Doch nicht alle lassen sich auf die gleiche Art und Weise zusammenfügen wie dies im Deutschen der Fall ist. Möglich sind zum Beispiel Verbindungen wie:

- *scarpe da tennis* Tennisschuhe,
- *compagno di scuola* Schulkamerad,
- *fine settimana* Wochenende.

Haben Sie mehrere solcher Begriffe nach ihrer spezifischen Bildungsart gesammelt, fällt Ihnen der Sprung vom deutschen zum italienischen Begriff bestimmt leichter und umgekehrt erst recht.

4.1 Aggettivi con prefissi

Vorsilben bei Adjektiven

Wie Sie schon wissen, kann man mit einer Vorsilbe die Bedeutung eines Wortes verändern. Bei gewissen Adjektiven kann zum Beispiel das Gegenteil des Ausgangswortes gebildet werden:

possibile	>	*impossibile*	*informato*	>	*disinformato*
sicuro	>	*insicuro*	*contento*	>	*scontento*

Ergänzen Sie die Beschreibung dieses etwas ungleichen Paares mit dem Gegenteil des jeweils hervorgehobenen Wortes. Benutzen Sie dabei die Vorsilben in-, dis -, s- .

1. Lei non esce di casa se il letto non è **fatto**, a lui invece non importa se rimane ______________________.
2. Lui è **felice** quando è solo, lei invece è __________________ se non ha nessuno vicino.
3. A lei piacciono le persone **ordinate**, lui preferisce quelle ____________________.
4. Le cose che lei trova **piacevoli** spesso lui le trova ___________________________.
5. A lei piacciono le persone **oneste**, secondo lui invece sono più interessanti quelle __________________.
6. Lei vorrebbe essere una persona **conosciuta**, a lui non importa di essere del tutto _________________________.

4.2 Verbi con prefissi

Vorsilben bei Verben

Vorsilben gibt es auch bei Verben. Können Sie bei folgenden Verben das Grundverb erkennen? Tragen Sie es auf der linken Seite ein. Rechts schreiben Sie dann auf, was das angegebene Verb auf Deutsch heißt.

1.	*fare*	rifare	*erneut tun*
2.	____________	risposarsi	____________
3.	____________	disinteressarsi	____________
4.	____________	disdire	____________
5.	____________	riascoltare	____________
6.	____________	rivedere	____________
7.	____________	dispiacere	____________

4.3 Suffissi

Endungen

Die Bedeutung eines Substantivs wird durch Endungen verändert:
-ino und *-etto* drücken die Begriffe klein, kurz und jung aus, z. B.
ragazzo > ragazzino, ragazza > ragazzina, camino > caminetto, casa > casetta;
-one hat die Bedeutung von groß, voluminös und dick, z.B.*donna > donnone;*
-accio fügt dem Grundwort eine meist negative Bedeutung wie schlecht, böse oder hässlich hinzu, z. B. *ragazzo > ragazzaccio, donna > donnaccia.*

Drücken Sie nun bei folgenden Sätzen den hervorgehobenen Satzteil mit einem einzigen Wort aus. Benutzen Sie dabei folgende Endungen:

-accio | -ina | -accio | -ino | ~~-one~~ | -acce | -etta | -one | -ina

1. L'ultima tournée di Paolo Conte è stata un **grande successo** successone .

2. Con questo **brutto tempo** ______ nessuno ha voglia di uscire.

3. Dopo cena faccio sempre una **breve passeggiata** ______ .

4. Secondo me, Carla ha un **brutto carattere** ______ .

5. Per il suo compleanno Mario ha organizzato una **grande cena** ______ nel miglior ristorante della città.

6. Vorrei fare un **piccolo regalo** ______ alla vicina; è così gentile!

7. Per la mia **sorella più piccola** ______ domani è il primo giorno di scuola.

8. Ogni lingua ha delle **brutte parole** ______ .

9. Mio figlio ha trovato una **piccola camera** ______ nel centro di Firenze.

4.4 Parole composte con di, da oppure senza preposizione

Zusammengesetzte Wörter mit di, da oder ohne Präposition

Wie Sie wissen, setzen sich manche Begriffe aus zwei Wörtern zusammen. Substantive können zum Beispiel folgendermaßen zu einem Begriff verschmelzen:

scarpe ***da*** *tennis* — *compagno* ***di*** *lavoro* — *fine settimana.*

Mit folgenden Wörtern können Sie die begonnenen Namen der dargestellten Gegenstände und Symbole vervollständigen. Wählen Sie dabei als Verbindungswörter di , da oder keins.

~~sigarette~~	parcheggio	sole	ristorante	informazioni
sera	bagno	cucina	frutta	bagagli
lettere	letto	tavola	servizio	telefono

1. pacchetto *di sigarette*

2. costume ______________

3. vagone ______________

4. occhiali ______________

5. succo ______________

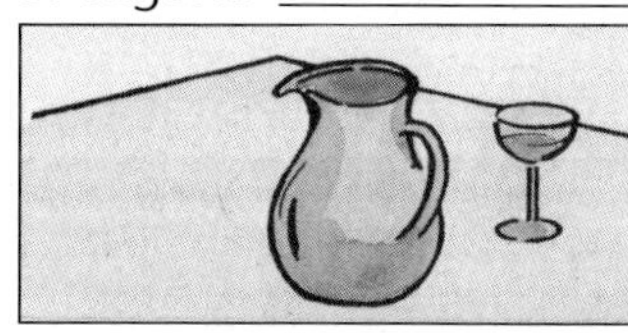

6. vino ______________

7. deposito ______________

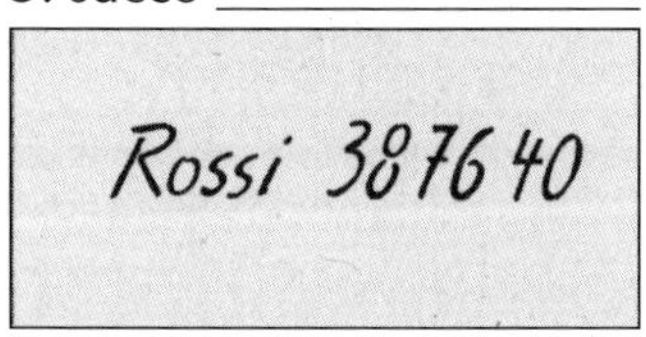

8. numero ______________

9. ufficio ______________

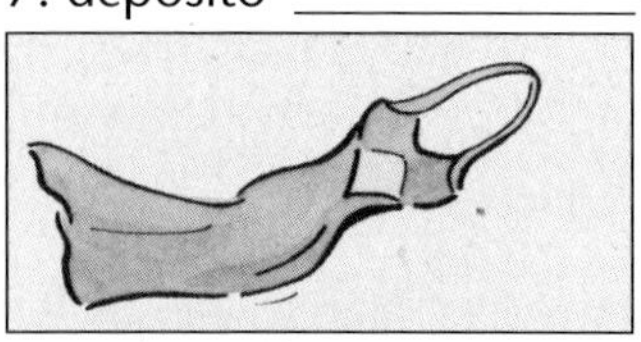

10. abito ______________

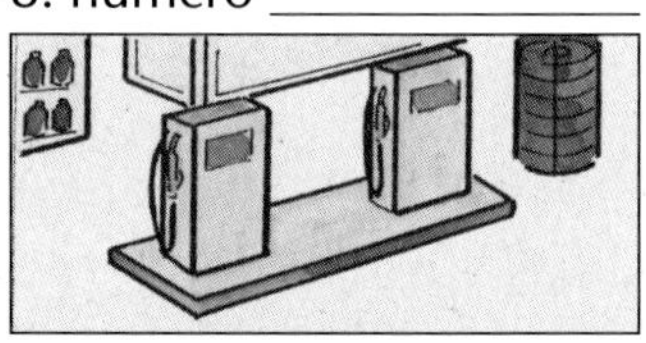

11. stazione ______________

12. camera ______________

13. libro ______________

14. divieto ______________

15. carta ______________

4.5 Parole composte da sostantivo e aggettivo

Zusammengesetzte Wörter aus Substantiv und Adjektiv

Die Frage nach der Verbindungsart erübrigt sich, sobald ein Begriff aus einem Substantiv und einem Adjektiv zusammengesetzt ist, wie zum Beispiel bei *università popolare* oder *Italia meridionale.*

Vervollständigen Sie die Sätze mit dem jeweils fehlenden Adjektiv bzw. Substantiv. Wählen Sie unter folgenden Wörtern:

elementare · macchina · telefonica · pedonale · pubblici · corso · festa · minerale · guerra · crisi · turistica · matrimoniale

1. Per telefonare devi andare in una cabina ____________________.
2. Il 3 ottobre, in Germania, c'è la ____________________ nazionale.
3. Ho comperato una nuova ____________________ fotografica e adesso faccio delle bellissime foto.
4. Rimini è una località ____________________ molto conosciuta.
5. A pranzo bevo solo acqua ____________________.
6. Quando ero piccola andavo a giocare ai giardini ____________________.
7. La seconda ____________________ mondiale è finita nel 1945.
8. Ho incominciato a imparare l'inglese in un ____________________ serale.
9. In alcuni alberghi è possibile scegliere fra il letto ____________________ e i due letti separati.
10. Ormai la ____________________ economica dura da parecchi anni.
11. Secondo me tutto il centro dovrebbe essere chiuso al traffico e

    diventare zona ____________________.
12. In Italia la scuola ____________________ dura cinque anni.

5. Kapitel

Pronuncia e ortografia

Aussprache und Rechtschreibung

1. Ein Wort muss auch richtig ausgesprochen werden.

Große Schwierigkeiten werden Sie dabei nicht haben. Italienisch ist zum Glück eine Sprache mit wenig Ausspracheregeln und im Allgemeinen kann man davon ausgehen, dass ein Wort so ausgesprochen wird, wie es geschrieben wird.

2. Die Betonung ist wichtiger, als man denkt.

Ein falsch betontes Wort wird unter Umständen nicht verstanden. Doch keine Panik:

- Meist werden die Wörter auf der zweitletzten Silbe betont: *buongiorno, italiano, signora, signorina.*
- Werden Wörter auf der letzten Silbe betont, so ist das durch die Angabe eines Akzents graphisch sichtbar: *università, papà, così, perché.*
- Einige Wörter, die auf der drittletzten Silbe betont werden, werden schon nach kurzer Zeit automatisch richtig akzentuiert: *leggere, conoscere, scrivere.*

3. Einmal mehr ist das Wörterbuch eine wichtige Stütze.

Wenn Sie Fragen zur Rechtschreibung, Aussprache und Betonung haben, gibt Ihnen das Wörterbuch eine zuverlässige Antwort.

5.1 La pronuncia di c e g

Die Aussprache von c und g

Die meisten Ausspracheregeln sind schnell gelernt. Etwas mehr Übung braucht man lediglich bei den Buchstaben *c* und *g*. Wie Sie wissen, ist für deren Aussprache der nachfolgende Buchstabe wichtig.
So wird *c* vor *e* und *i* als [tʃ] wie in **Tsch**eche ausgesprochen, z. B. *cena* und *cinema*.
Vor *a, o, u* und *h* sowie vor einem anderen Konsonanten spricht man hingegen *c* als [k] wie in **K**atze aus, beispielsweise *come, Chianti, curioso, cane*.
Die Aussprache von *g* folgt demselben Prinzip. Vor *e* und *i* spricht sich *g* wie [dʒ] in **Dsch**ungel, z. B. *gentile* und *pagina*.
Vor *a, o, u* und *h* sowie einem anderen Konsonanten spricht man hingegen *g* wie [g] in **G**as: *gatto, gonna, guerra, drogheria*.

Wie würden Sie folgende Wörter aussprechen? Ordnen Sie sie der entsprechenden Spalte zu.

~~perché~~	gamba	casa	guida	traghetto	chiuso
gita	gente	chilo	chiave	cinema	ciao
giocare	funghi	cena	doccia	giusto	gusto
spaghetti	ufficio	uccello	giardino	cultura	giovane

[k] wie in **K**atze

perché ______ ______
______ ______
______ ______

[tʃ] wie in **Tsch**eche

______ ______
______ ______
______ ______

[g] wie in **G**as

______ ______
______ ______
______ ______

[dʒ] wie in **Dsch**ungel

______ ______
______ ______
______ ______

5.2 La pronuncia di sc

Die Aussprache von sc

Bei der Aussprache von *sc* geht es um das gleiche Prinzip wie bei der Aussprache von *g* und *c*.
Vor *e* und *i* spricht sich *sc* wie [ʃ] in **Sch**uhe: *scimmia, scena.*
Vor *a, o, u* und *h* sowie einem anderen Konsonanten wird *sc* als [sk] wie in **Sk**orpion ausgesprochen: *scomodo, scusare, scheda, scatola.*

Umkreisen Sie jetzt die Wörter, die wie [ʃ] ausgesprochen werden.

1. scarpa	sciarpa	scontrino	sciopero
2. asciugamano	scuola	schiuma	scuro
3. tedeschi	sci	scienza	schiena
4. pesce	pesche	ascensore	scherzo

5.3 L'accento

Die Betonung

Eine korrekte Betonung kann für die Verständigung maßgebend sein. Ziehen Sie also bei Unsicherheiten das Wörterbuch heran. In der Regel wird darin die betonte Silbe durch ein Betonungszeichen ['] gekennzeichnet.

austriaco, -a [aus'triːako] <-ci, -che> **I.** *a* österreichisch; **II.** *m, f* Österreicher(in) *m(f)*. > austrịaco

marito [ma'riːto] *m* (Ehe)mann; *m*, Gatte *m geh.* > marịto

leggere ['lɛddʒere] <leggo, lessi, letto> **I.** *tr* lesen; *(adj altri)* vorlesen; **II.** *itr* lesen. > lẹggere

a) Wie werden folgende Wörter betont? Kennzeichnen Sie den betonten Vokal mit einem Punkt.

1. polịtica	Paolo	telefono	industria
2. magliọne	spiccioli	grigio	attenzione
3. fantasịa	spiaggia	storia	simpatia
4. vịvere	tenere	perdere	vedere

Ein richtiger Stolperstein sind gewisse Verbformen wie zum Beispiel:
prendono, offrono, viaggiano und *prẹndevano, offrivano, viaggiavano.*
Deren Betonung können Sie üben, indem Sie jeweils zuerst die 1. Person Singular nennen und dann die 3. Person Plural mit derselben Betonung versehen. So zum Beispiel:

prẹndo	ich nehme	*prendẹvo*	ich nahm
prẹndono	sie nehmen	*prendẹvano*	sie nahmen

b) Wie betont man folgende Verbpaare? Geben Sie die Betonung mit einem Punkt an.

Presente:	offro	credo	Imperfetto:	offrivo	credevo
	offrono	credono		offrivano	credevano

6. Kapitel

Parole gemellate

Wortpartnerschaften

1. Ein Wort lässt sich nicht mit jedem x-beliebigen anderen Wort verbinden.

Man kann zwar sagen *bevo un caffè,* keinen Sinn ergibt jedoch die Kombination *bevo una scarpa,* ebenso wenig wie *il libro è biondo* oder *un ombrello contento.* Verbindungen wie *bere un caffè* bezeichnen wir als „Wortpartnerschaft".
Mögliche „Partnerschaften" können zum Beispiel entstehen aus:

– Verb + Substaniv:	*pagare il conto*	die Rechnung bezahlen,
– Substantiv + Adjektiv:	*un libro difficile*	ein schwieriges Buch,
– Verb + Verb:	*saper cantare*	singen können.

2. Ein Wort tritt nur selten allein auf.

Allein werden Sie ein Wort nur selten verwenden. Es ist deshalb sinnvoll, wenn Sie ein Wort nicht allein, sondern zusammen mit seinen „Partnern" lernen. Für Ihre Italienischkenntnisse wird diese Vorgehensweise von großem Vorteil sein.

3. Einige Wortpartnerschaften brauchen ein Bindeglied.

Es reicht nicht, wenn Sie wissen, welche Wörter zusammen eine „Partnerschaft" eingehen können. Ebenso gut sollten Sie die Art und Weise kennen, wie diese „Partnerschaft" zustande kommt. So gibt es „Partner", die sich einfach aneinanderfügen lassen wie *aprire la porta,* andere hingegen brauchen ein Bindeglied, wie zum Beispiel:

– *continuare a piovere*	weiterregnen,
– *uscire di casa*	aus dem Haus gehen,
– *andare in banca*	auf die Bank gehen.

6.1 Alcuni significati di fare, mettere e prendere

Einige Bedeutungen von fare, mettere und prendere

Fare, mettere und *prendere* sind Verben, die ihre Bedeutung verändern können, je nachdem mit welchem Wort oder Ausdruck sie sich verbinden.

Hier sind einige mögliche Partner von fare, mettere und prendere angegeben. Lesen Sie sie durch.

due milioni	sale	pena	sciopero	la firma	la patente
la segretaria	~~la doccia~~	benzina	una decisione	in ordine	
il sole	in affitto	il cappotto	le pulizie	la spesa	il pieno
colazione	l'influenza	in tempo	un succo di frutta	sull'armadio	

a) Suchen Sie nun die 10 Wörter bzw. Ausdrücke heraus, die Sie benötigen um die Sätze zu vervollständigen.

1. Fare il bagno a me non piace, preferisco **fare** *la doccia*.
2. La mattina **faccio** sempre una bella ________________ .
3. Vorrei cambiare lavoro; non mi piace più **fare** ________________ .
4. A 18 anni voglio **prendere** ________________ ; così posso andare a scuola in macchina.
5. Con quei jeans tutti rotti mi **fai** proprio ________________ .
6. Vorrei **prendere** ________________ un appartamento a Venezia.
7. Il frigorifero è quasi vuoto; vado a **fare** ________________ .
8. Io nella minestra **metto** poco ________________ .
9. Guarda che fuori fa freddo; dovresti **mettere** ________________ .
10. Da noi un insegnante **prende** circa ________________ al mese.

b) Ordnen Sie die übrig gebliebenen Wörter und Ausdrücke dem passenden Verb zu.

fare(e)	mettere	prendere
____________	____________	____________
____________	____________	____________
____________	____________	____________
____________		____________
____________		

6.2 Altri verbi con vari significati

Weitere Verben mit unterschiedlichen Bedeutungen

a) Zu welcher Gruppe von Wörtern passen folgende Verben? Ordnen Sie zu.

servire chiedere salire perdere avere portare cambiare

1. ________ i soldi / il treno / tempo

2. ________ il raffreddore / 20 anni / bisogno / fame / fretta

3. ________ la valigia / un regalo / una giacca

4. ________ le scale / in ascensore / in macchina

5. ________ i soldi / treno / idea / casa / vita

6. ________ un cliente / a qualcuno

7. ________ una birra / scusa / qualcosa

b) Weitere mögliche Verbindungen mit obigen Verben sind in folgenden Sätzen hervorgehoben. Geben Sie deren Grundform und die deutsche Entsprechung an.

frasi	infinito	traduzione
1. **Ho perso di vista** i compagni di scuola.	*perdere di vista*	*aus den Augen verlieren*
2. Scusa il ritardo, ma **ho perso la strada**.	________	________
3. 20 persone **hanno perso la vita** sulla A1.	________	________
4. Ugo **ha perso la testa** per una ragazzina.	________	________
5. Se **hai sonno**, perché non vai a letto?	________	________
6. Il concerto di Dalla **ha luogo** all'aperto.	________	________
7. **Hai idea** di quanto dura il film?	________	________

6.3 Verbo e sostantivo

Verb und Substantiv

Wenn Sie ein neues Substantiv lernen, überlegen Sie sich, in welchen Zusammenhängen Sie es am häufigsten verwenden und suchen Sie dann die dazugehörigen Verben.

Bei folgenden Partnerschaften kann man jeweils ein Verb nicht verwenden. Kreuzen Sie die Verben an, die zu dem jeweiligen Substantiv passen.

1. ❒ a. mandare / ❒ b. dire / ❒ c. ricevere — gli auguri

2. ❒ a. riparare / ❒ b. risolvere / ❒ c. avere — un problema

3. ❒ a. studiare / ❒ b. frequentare / ❒ c. finire — una scuola

4. ❒ a. pagare / ❒ b. spendere / ❒ c. guadagnare — dei soldi

5. ❒ a. chiedere / ❒ b. pagare / ❒ c. comprare — il conto

6. ❒ a. accendere / ❒ b. aprire / ❒ c. spegnere — la luce

7. ❒ a. guidare / ❒ b. scendere — la macchina

8. ❒ a. prendere / ❒ b. preparare — la cena

9. ❒ a. mettere / ❒ b. lasciare — la mancia

10. ❒ a. usare / ❒ b. scrivere — il computer

11. ❒ a. fare / ❒ b. dare / ❒ c. chiedere — un favore

12. ❒ a. stare / ❒ b. dare / ❒ c. avere — un appuntamento

13. ❒ a. dare / ❒ b. dire / ❒ c. aspettare — una risposta

14. ❒ a. mettere / ❒ b. smettere / ❒ c. togliere — le scarpe

6.4 Verbo – preposizione – sostantivo

Verb – Präposition – Substantiv

Mit dem Verb *andare* sind zahlreiche Partnerschaften möglich. Welche Präposition dabei verwendet wird, lernen Sie am besten auswendig. Folgender Hinweis erleichtert Ihnen dabei das Lernen: Verwenden Sie *andare* mit einer Personenbezeichnung, so können Sie mit Sicherheit die Präposition *da* benutzen. Zum Beispiel:
andare dal medico *andare dai nonni* *andare dalla vicina.*

a) Schreiben Sie folgende Wörter hinter die jeweils passende Präposition.

~~vacanza~~	città	letto	cinema	stazione
dentista	banca	casa	estero	mercato
centro	ufficio	ristorante	bar	campagna
parrucchiere	montagna	teatro	ospedale	mare

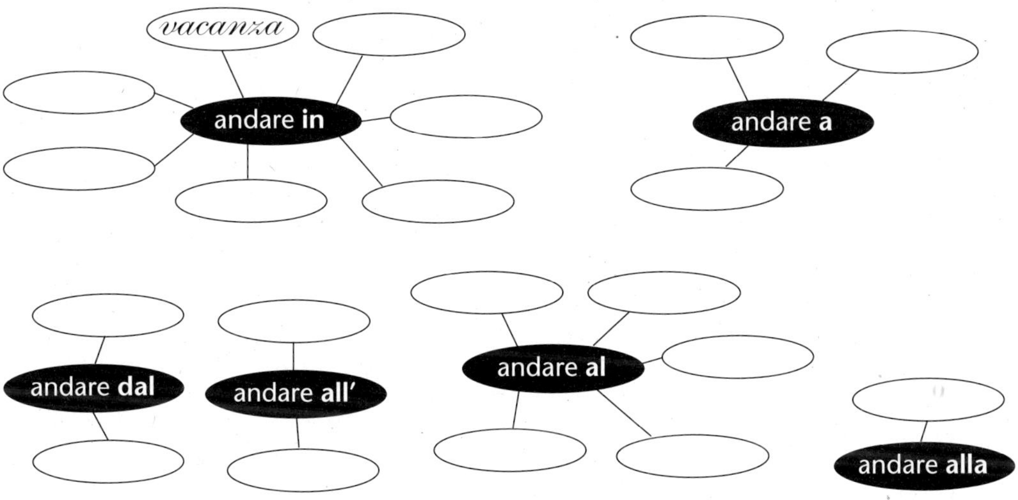

b) Vervollständigen Sie die Sätze mit folgenden Präpositionen:

a **di** **da** **per** **in**

1. Mio figlio sta studiando ___ medico. 2. „Panorama" a me arriva ___ posta.

3. Non torno mai ___ casa prima delle 19.00. 4. Ugo è uscito ___ casa un'ora fa.

5. Io agli appuntamenti arrivo spesso ___ ritardo, mio marito invece ci arriva ___ anticipo. 6. Telefonate se non fate ___ tempo a venire!

6.5 Sostantivo e aggettivo

Substantiv und Adjektiv

Kombinationen aus Substantiv und Adjektiv können Sie sich gut merken, wenn Sie zum Beispiel aufschreiben, wie Gegenstände, Apparate, Orte, Getränke, Menschen usw. Ihrer Meinung nach sein oder auch nicht sein sollten.

Schauen Sie sich die Zeichnungen an und ergänzen Sie dann die Sätze mit zwei Adjektiven.

a. lunga
b. ~~corta~~
c. stretta
d. larga

1. Francesca porta una gonna corta e ____________ .

a. sportiva
b. piccola
c. pratica
d. spaziosa

2. La macchina del signor Barocco è ____________ ed è ____________ in città.

a. utile
b. rotta
c. silenzioso
d. rumoroso

3. Il forno a microonde è ____________ e ____________ .

a. tradizionale
b. sporco
c. esotico
d. pesante

4. Le lasagne sono un piatto ____________ abbastanza ____________ .

a. caldo
b. freddo
c. salato
d. dolce

5. Il tè è ____________ e molto ____________ .

a. noioso
b. antico
c. prezioso
d. inutile

6. Ho comperato uno specchio ____________ molto ____________ .

6.6 Verbo - (preposizione) - verbo

Verb – (Präposition) – Verb

Verbinden sich zwei Verben zu einer Partnerschaft, so geschieht es meist mit den Präpositionen *a* oder *di* oder auch ohne jegliches Bindeglied. Einige solcher Wortpartnerschaften sind Ihnen bestimmt geläufig. Denken Sie zum Beipiel an:

Devo partire.	*Sai nuotare?*
Spero ***di*** *vedere i miei amici.*	*Ho smesso* ***di*** *fumare.*
Continua ***a*** *piovere.*	*Vado* ***a*** *lavorare.*

Maßgebend für die Wahl von *a, di* oder keiner Präposition ist immer das erste Verb. Wenn Sie ein Verb lernen, ist es empfehlenswert, gleich das dazugehörige Bindeglied für eine Wortpartnerschaft mit einem weiteren Verb mitzulernen.

Ergänzen Sie dort, wo es nötig ist, die Sätze mit den Präpositionen* a *oder* di *.

1. Ci sono sempre più uomini che sanno ______ fare cucina e che aiutano ______ fare i lavori di casa.
2. Se tu non esci, preferisco ______ rimanere a casa anch'io.
3. Ti vengo ______ prendere verso le otto.
4. La domenica non mi piace ______ andare in centro.
5. Signora, che cosa Le posso ______ offrire?
6. I genitori mi hanno proibito ______ fumare in casa.
7. Erica ha invitato me e i miei genitori ______ passare le vacanze nella sua casa al mare.
8. Se vuoi ______ lavorare nel turismo, ti consiglio ______ imparare il tedesco.
9. Da quando ho smesso ______ lavorare tanto sto meglio.
10. Domani vado ______ trovare un mio vecchio compagno di scuola.
11. Sono tante le persone che desiderano ______ cambiar vita.
12. Luca ha proposto ______ finire la serata a casa sua.
13. Mi sono dimenticato ______ ringraziarti per i bellissimi fiori.
14. Non tutti accettano ______ fare lavori pesanti.
15. Mio cugino ha deciso ______ sposarsi.
16. Il governo ha promesso ______ diminuire la disoccupazione.
17. Finisco ______ mangiare e poi vengo.
18. Mio nonno ha cominciato ______ lavorare a 15 anni.

7. Kapitel

Situazioni

Situationen

1. Die passende Wortwahl und die treffende Wendung sind gerade im Alltag maßgebend.

Wie Sie sich an wen wenden, ist zum Beispiel bei der Begrüßung, am Telefon oder im Restaurant wichtig. Prägen Sie sich gleich ein, zu wem Sie *ciao* sagen und bei wem *arrivederLa* angebrachter ist als *arrivederci.* Auch sind Sie bestimmt froh, wenn Ihnen jemand *Buon appetito* wünscht, höflich mit *Grazie altrettanto* antworten zu können.

2. Es gibt Situationen, in denen Sie mit einigen typischen Sätzen schon sehr weit kommen.

Hilfreich ist es im Übrigen, wenn Sie sich neben Wörtern und Ausdrücken auch typische Sätze merken, die Sie dann in der passenden Situation anwenden können. Hier einige Beispiele:

– *Il conto, per favore.*	Die Rechnung, bitte.
– *Posso lasciare un messaggio?*	Kann ich eine Nachricht hinterlassen?
– *Il pieno, per favore.*	Voll tanken, bitte.

7.1 Salutarsi e accomiatarsi

Sich begrüßen und sich verabschieden

Ob Sie jemanden siezen oder duzen ist wichtig für Ihre Wortwahl bei Begrüßungen und Verabschiedungen. *Ciao* verwendet man beispielsweise unter Freunden. Unter Bekannten, die sich siezen, ist *arrivederci* angebracht und zu einer Respektperson sagt man *arrivederLa.*

a) Vervollständigen Sie den Dialog der beiden jungen Leute mit den Wörtern und Ausdrücken, die wir für Sie angegeben haben.

1. *Maria:* __________ , Luca, ____________________ ?
2. *Luca:* __________ , Maria. Bene, ____________________ ?
3. *Maria:* Anch'io ____________________ , grazie.
   Senti, vieni anche tu da Renzo, sabato sera?
4. *Luca:* No, sabato non posso, sono a Firenze.
5. *Maria:* Ho capito. Allora __________ .
6. *Luca:* __________ .

b) Das Gespräch von Herrn Colla und Frau Valli verläuft etwas anders. Ergänzen Sie es mit den angegebenen Wörtern und Ausdrücken.

e Lei | arrivederci | Abbastanza | Buongiorno | Buongiorno | Non c'è male | come sta | arrivederci

1. *Sig.ra Valli:* ________________________ , signor Colla.
2. *Sig.Colla:* ________________________ , signora Valli, ________________________ ?
3. *Sig.ra Valli:* ________________________ , grazie, ________________________ ?
4. *Sig. Colla:* ________________________ bene, grazie. Ci vediamo stasera alla riunione?
5. *Sig.ra Valli:* No, mi dispiace, ma stasera proprio non posso venire, ho un biglietto per il teatro.
6. *Sig. Colla:* Buon divertimento, allora, e ________________________ .
7. *Sig.ra Valli:* Grazie, ________________________ .

7.2 Fare proposte e fissare un appuntamento

Vorschläge machen und eine Verabredung treffen

a) Mit welchen der folgenden Sätze bzw. Satzanfänge können Sie einen Vorschlag formulieren, ihn annehmen, ablehnen oder einen Gegenvorschlag machen? Tragen Sie die Nummern ein.

1. Sì, volentieri.	2. Perché non ...	3. Hai/Ha voglia di ...
4. D'accordo.	5. Mi dispiace, ma ...	6. Perché no?
7. Va bene.	8. Che ne dici/dice di ...	9. Ti/Le piacerebbe ...
10. Purtroppo ...	11. Ottima idea!	12. Veramente io dovrei ...

a. Einen Vorschlag machen: ____ ____ ____

b. Einen Vorschlag annehnen: ____ ____ ____ ____ ____

c. Einen Vorschlag ablehnen: ____ ____ ____

d. Einen Gegenvorschlag machen: ____

b) Wollen Sie wissen, über was Luca und Maria reden? Dann erstellen Sie rasch mit Hilfe der Sätze den Dialog.

1. Domenica? Sì, perché no?
2. Hai voglia di andare al cinema venerdì sera?
3. Eh, purtroppo neanche sabato va bene. Ma senti, perché non ci andiamo domenica?
4. Facciamo alle sette a casa tua?
5. Mi dispiace, ma venerdì ho già un impegno.
6. D'accordo; allora a domenica.
7. E sabato? Sei libero sabato?

Maria: Hai voglia ____________________

Luca: ____________________

Maria: ____________________

Luca: ____________________

Maria: ____________________

Luca: ____________________

Maria: ____________________

7.3 Alla stazione

Auf dem Bahnhof

Wer mit dem Zug unterwegs ist, kann ein paar typische Sätze gut gebrauchen. Die hier aufgeführten Sätze müssen allerdings noch vervollständigt werden. Benutzen Sie dazu die nachfolgenden Angaben, die den hervorgehobenen deutschen Satzteilen entsprechen.

prenotare	un posto	accanto al finestrino	treni diretti
cambiare	Da quale binario	una cuccetta	vagone letto
prima classe	il supplemento	non fumatori	per Firenze
di andata e ritorno	la coincidenza	il vagone ristorante	

1. Sie wollen **eine Rückfahrkarte erster Klasse** nach Turin.	Un biglietto ______________________, ______________________ per Torino.
2. Sie fragen, ob man **einen Zuschlag** bezahlen muss.	Bisogna pagare ______________________?
3. Sie möchten zwei Plätze für **Nichtraucher reservieren.**	Vorrei ______________________ due posti per ______________________.
4. Sie erkundigen sich, ob **am Fenster** noch ein Platz frei ist.	C'è ancora un posto ______________________ ______________________?
5. Sie fragen, **von welchem Gleis** der IC **nach Florenz** fährt.	______________________ parte l'IC ______________________?
6. Sie möchten wissen, ob **im Schlafwagen** noch **ein Platz** frei ist.	C'è ancora ______________________ in ______________________?
7. Sie möchten **einen Liegewagenplatz** für den Zug um 22 Uhr nach Neapel.	Vorrei ______________________ sul treno delle 22 per Napoli.
8. Sie fragen, ob es nach Trento **direkte Verbindungen** gibt.	Ci sono ______________________ per Trento?
9. Sie möchten wisssen, wo Sie **umsteigen** müssen und um wie viel Uhr Sie **Anschluss** nach Trento haben.	Dove devo ______________________? A che ora c'è ______________________ per Trento?
10. Sie erkundigen sich, ob es **einen Speisewagen** gibt.	C'è ______________________?

7.4 Far la spesa

Einkaufen

Vergessen Sie bei der Mengenangabe auf keinen Fall die Präposition *di*, zum Beispiel:

un chilo di mele	ein Kilo Äpfel,
una bottiglia di vino	eine Flasche Wein.

Denken Sie auch daran, dass vor *mezzo* der unbestimmte Artikel *un, una* usw. entfällt:

mezzo chilo di mele	ein halbes Kilo Äpfel,
mezza bottiglia di vino	eine halbe Flasche Wein.

a) Dieses oder ein ähnliches Gespräch könnten auch Sie beim Einkaufen führen. Ergänzen Sie es. Die fehlenden Teile sind jeweils auf Deutsch angegeben.

– Desidera?
= Dunque, vorrei ______________________ 2 kg Kartoffeln ,
______________________ 1 kg Tomaten non troppo maturi, e
______________________ 1/2 kg Zwiebeln . Ecco e poi vorrei anche dei ______________________ Pilze .
– Porcini, signora?
= Sì ______________________ was kosten sie ?
– 7'000 all'etto, ma sono ottimi, signora, freschissimi.
= Va bene, ne prendo ______________________ 300 g .
– Altro?
= Sì, vorrei anche ______________________ etwas Obst .
– Prugne, pere, uva, fichi ...
= Ecco, mi dia ______________________ 1,5 kg Trauben .
– Basta così, signora?
= Sì, basta così; ______________________ wie viel macht das ?

b) Was sonst noch im Einkaufskorb landen könnte, sehen Sie hier. Vervollständigen Sie die Mengenangaben. Die angegebenen Wörter helfen Ihnen dabei.

~~litro~~ bottiglia pacco pezzo scatola mezzo litro vasetto fettine

1. *un litro di* latte

2. ____________ ________ olive

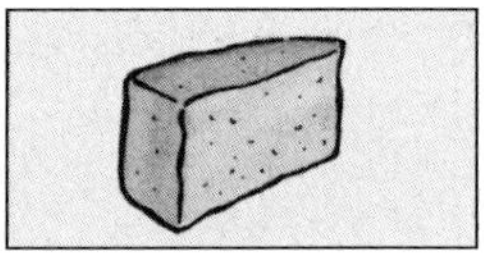

3. ____________ ___ parmigiano

4. ____________ ________ farina

5. ____________ ________ tonno

6. ____________ ________ vino

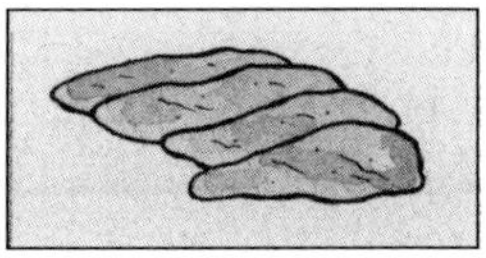

7. ____________ ________ vitello

8. ____________ ____ olio d'oliva

7.5 Nel negozio di abbigliamento

Im Bekleidungsgeschäft

a) Hier haben sich drei Sätze eingeschlichen, die beim Kauf eines Kleidungsstückes nicht nützlich sein können. Welche? Streichen Sie sie durch.

1. Vorrei provare la giacca a quadri che è in vetrina.
2. Che taglia porta?
3. Mi sembra un po' stretta per Lei, comunque la provi pure.
4. Non mi sembra molto maturo.
5. Mi fa provare la taglia più grande?
6. Vuole vedere un altro modello?
7. Ne prendo due etti.
8. Vorrei qualcosa di più elegante.
9. Il colore Le sta molto bene.
10. Quest'anno vanno di moda i colori forti.
11. Oggi non sta molto bene.

b) Wichtig sind auch Kenntnisse über Material und Muster von Kleidungsstücken und Accessoires. Können Sie folgende Wörter in die passende Liste eintragen?

~~lana~~ pois fiori cuoio quadri lino

tinta unita cotone seta pelle righe velluto

1. materiale	2. disegno
a. Il vestito è di *lana*	a. La gonna è a ______
di ______	a ______
di ______	a ______
di ______	a ______
di ______	a ______
di ______	
b. La cintura è di ______	

Sie haben sicherlich festgestellt, dass bei der Angabe des Materials die Präposition *di* verwendet wird, beim Muster hingegen die Präposition *a*.

7.6 Al ristorante

Im Restaurant

Wenn Sie irgendein Gespräch hören, zum Beispiel eine Bestellung in einem Restaurant, dann merken Sie sich die Sätze und Wendungen, die Ihnen in dieser Situation nützlich sein könnten.

a) Herr und Frau Corà sind im Restaurant und geben gerade ihre Bestellung auf. Lesen Sie, was dabei gesagt wird.

Cameriere:	Hanno scelto?
Sig. Corà:	Sì, allora, come primo prendiamo gnocchi alla salvia.
Sig.ra Corà:	Ecco, io però prenderei volentieri un antipasto, che cosa mi consiglia?
Cameriere:	Mah, se Le piace il pesce, c'è il carpaccio di pesce, è una nostra specialità, o allora prosciutto e melone o anche ...
Sig.ra Corà:	No, va bene, prendo il carpaccio di pesce.
Cameriere:	Un antipasto anche per il signore?
Sig. Corà:	No, per me niente antipasto.
Cameriere:	Un antipasto, quindi. E come secondo?
Sig. Corà:	Pesce spada alla griglia per tutti e due con patate arrosto; da bere ci porti mezzo litro di Verdicchio sfuso e una bottiglia di acqua minerale non gassata.
Più tardi . . .	
Sig. Corà:	Due caffè e il conto, per favore.

b) Bestimmt können Sie ohne weiteres ankreuzen, ob folgende Behauptungen richtig oder falsch sind.

	R	F
1. Herr Corà bestellt eine Vorspeise.	❒	❒
2. Als Vorspeise bestellt Frau Corà die Spezialität des Hauses.	❒	❒
3. Er nimmt Gnocchis, sie gegrillten Schwertfisch.	❒	❒
4. Sie trinken einen offenen Verdicchio.	❒	❒
5. Herr Corà bestellt Mineralwasser mit Kohlensäure.	❒	❒
6. Zum Schluss verlangt Herr Corà zwei Espressos und die Rechnung.	❒	❒

7.7 Chiedere la strada

Nach dem Weg fragen

a) Können Sie mit Hilfe einer Wegbeschreibung den richtigen Weg finden? Versuchen Sie es, indem Sie die beiden Texte lesen und der jeweils passenden Zeichnung zuordnen.

1. Bisogna prendere la prima strada a sinistra e andare sempre dritto fino al semaforo. Lì si gira a destra e si continua dritto fino al ponte; via Puccini è a destra, prima del ponte.

2. Allora, Lei va dritto fino all'incrocio, lì gira a destra e va sempre dritto, attraversa il ponte e subito dopo il ponte gira a sinistra. Il Museo d'Arte Contemporanea è subito lì.

a. ☐

b. ☐

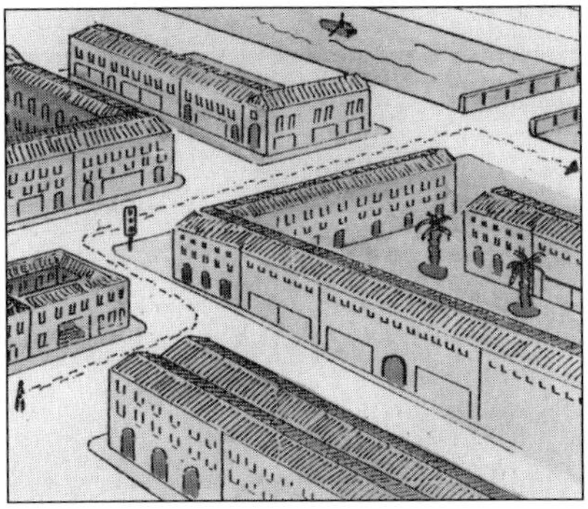

c. ☐

b) Wie lautet die dritte Wegbeschreibung? Ergänzen Sie den Text. Die Zeichnung und die beiden anderen Wegbeschreibungen unterstützen Sie dabei.

Allora, Lei gira subito ____________________ e ____________________

____________________ all'incrocio; lì ____________________ e continua sempre

__________ , attraversa ____________ e ____________ il ponte gira

____________ . La chiesa Santa Maria Novella è lì.

7.8 Prenotare una camera d'albergo

Ein Hotelzimmer reservieren

a) Vervollständigen Sie das Telefongespräch mit Hilfe der angegebenen Sätze.

1. Con doccia. Ah, e poi la camera dovrebbe essere tranquilla.
2. Va bene. Ha bisogno di una conferma scritta?
3. Buongiorno. Ecco, vorrei prenotare una camera doppia dal 21 al 26 settembre.
4. Beh, veramente volevo solo la camera.
5. Benissimo. E qual è il prezzo della camera?
6. Corà.
7. No, Le mando un fax.

Receptionist: Hotel Jolly Diodoro, buongiorno.
Sig. Corà: ❐
Receptionist: Un momento, prego ... Ecco, sì, la vuole con doccia o con bagno?
Sig. Corà: ❐
Receptionist: Le possiamo dare una camera che dà sul cortile, sarà certamente tranquilla.
Sig. Corà: ❐
Receptionist: Con mezza pensione o con pensione completa?
Sig. Corà: ❐
Receptionist: Allora sono 230'000 lire compresa la prima colazione.
Sig. Corà: ❐
Receptionist: Sì, o se preferisce può indicarmi il numero della carta di credito.
Sig. Corà: ❐
Receptionist: D'accordo. E la prenotazione va a quale nome?
Sig. Corà: ❐

b) Herr Corà schickt also ein Fax. Wenn Sie folgende Fragmente richtig zusammensetzen, erfahren Sie den Wortlaut.

con doccia | di una | Confermo | al 26 | settembre

la prenotazione | ~~Gentili Signori~~ | camera doppia | dal 21

FAX

Da: Prof. Matteo Corà
Fax: 6929563
A: Hotel Jolly Diodoro
Fax: 23391

Perugia, 01/09/19..

Gentili Signori,

____

____

____

Distinti saluti

Matteo Corà

7.9 Alla ricezione dell'albergo

An der Hotelrezeption

a) Ordnen Sie den Fragen des Hotelgastes die Erwiderungen der Empfangsdame zu. Tragen Sie die Lösungen in den Querbalken ein.

1. Buonasera, avete una camera singola per due notti?
2. È possibile fare colazione in camera?
3. C'è l'ascensore?
4. A che ora è la prima colazione?
5. Senta, mi potrebbe far venire una bottiglia d'acqua minerale in camera?
6. Mi potrebbe dare la sveglia, domani mattina?
7. Scusi, ho parcheggiato la macchina davanti all'albergo, disturba?

a. Certo, e a che ora?
b. Dalle 7.30 alle 10.00.
c. Mi dispiace, ci rimangono solo camere doppie?
d. No, comunque se vuole la può mettere nel cortile, è più sicura.
e. Ma certo, basta telefonare.
f. Guardi che la camera ha il frigobar!
g. Sì, lì in fondo a destra.

1.	2.	3.	4.	5.	6.	7.

b) Welche Antworten könnten Sie auf folgende Fragen geben? Kreuzen Sie die möglichen Antworten an.

❒ a. Ho il supplemento rapido, eccolo.
❒ b. Ho la carta d'identità, eccola.
❒ c. Ho il passaporto, eccolo.
❒ d. Ho la carta di credito, eccola.
❒ e. Ho un assegno, eccolo.
❒ f. Ho la patente, eccola.

7.10 Reclami, furti, guasti ...

Reklamationen, Diebstähle, Pannen ...

Auch wenn etwas schief geht, brauchen Sie nicht wortlos zu bleiben. Erkennen Sie hier, welcher italienische Satz zu welcher deutschen Situationsbeschreibung passt? Ordnen Sie die Sätze den Situationsbeschreibungen zu.

1. Im Bad fehlt das Toilettenpapier.
2. Letzte Nacht haben Sie in Ihrem Bett gefroren, weswegen Sie eine zusätzliche Decke möchten.
3. Sie haben ein ruhiges Zimmer verlangt, hören nun aber den Aufzug.
4. Sie sitzen seit einer halben Stunde im Restaurant, allerdings konnten Sie Ihre Bestellung bisher noch nicht aufgeben.
5. Der Wein schmeckt nach Korken.
6. Der Kellner hat Ihnen zu viele Getränke berechnet.
7. Ihr Fahrzeug mit dem ganzen Gepäck wurde gestohlen.
8. Sie haben Ihren Fotoapparat in einem Geschäft liegen lassen und fragen nun danach.
9. Sie stehen in der Warteschlange und jemand drängelt sich vor.
10. Ihr Brillengestell ist kaputtgegangen und Sie möchten es reparieren lassen.
11. Ihr Fahrzeug ist stehen geblieben, weil Sie kein Benzin mehr haben.
12. Jemand hat sich auf Ihren Platz gesetzt.

a. Siamo rimasti senza benzina.

b. Avete trovato una macchina fotografica? L'ho dimenticata qui.

c. Senta, è da mezz'ora che aspettiamo di poter fare l'ordinazione.

d. Mi hanno rubato la macchina con tutti i bagagli dentro.

e. Veramente c'ero prima io.

f. Senta, questa notte a letto ho avuto freddo; potrei avere un'altra coperta, per favore?

g. Mi dispiace, ma il vino sa di tappo.

h. Ho rotto la montatura degli occhiali; è possibile ripararla?

i. Senta, qui ci deve essere un errore: abbiamo preso solo mezza bottiglia di acqua minerale e mezzo litro di rosso.

j. Senta, io ho chiesto una camera tranquilla, nella mia camera, però, si sente l'ascensore.

k. Scusi, questo è il mio posto.

l. Guardi che in bagno manca la carta igienica.

1.	2.	3.	4.	5.	6.	7.	8.	9.	10.	11.	12.

7.11 Brevi frasi per l'uso quotidiano

Kurze Sätze für den Alltagsgebrauch

Wann würden Sie folgende Sätze verwenden? Vervollständigen Sie die Dialoge.

a. Grazie altrettanto.
b. Prego.
c. Sì, e controlli anche la pressione delle gomme, per favore.
d. Ma non è grave.
e. Piacere.
f. Alla tua!
g. Mi dispiace, ma non fumo.
h. No grazie, non si disturbi!

1. ____________________

2. ____________________

3. ____________________

4. ____________________

5. ____________________

6. ____________________

7. ____________________

8. ____________________

7.12 Dal medico

Beim Arzt

Wenn Sie sagen wollen, dass Sie Schmerzen haben, können Sie meist wählen zwischen *ho mal di...* und *mi fa/fanno male...*, z.B.:

Ho mal di stomaco.	Ich habe Magenschmerzen.
Mi fa male lo stomaco.	Mir tut der Magen weh.
Mi fanno male le gambe.	Mir tun die Beine weh.

a) Wenn Sie die angegebenen Wörter richtig eintragen, wissen Sie auch, wie Sie einem italienischen Arzt Ihr Leiden schildern können.

pancia schiena tosse gola occhi testa piedi febbre

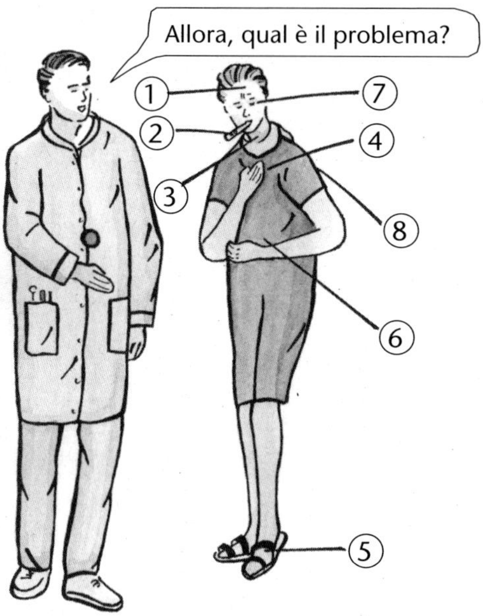

1. Ho mal di ____________
2. Ho la ____________
3. Ho mal di ____________
4. Ho la ____________
5. Mi fanno male i ____________
6. Ho mal di ____________
7. Mi bruciano gli ____________
8. Mi fa male la ____________

b) Hier haben wir einige Anweisungen des Arztes für Sie aufgeschrieben. Ordnen Sie den italienischen Sätzen die deutsche Entsprechung zu.

1. Apra la bocca.
2. Si spogli.
3. Respiri profondamente.
4. Tossisca.
5. Prenda queste pastiglie.
6. Smetta di fumare.
7. Dopo i pasti prenda questo sciroppo.
8. Mi faccia vedere la lingua.

a. Atmen Sie tief ein!
b. Hören Sie mit dem Rauchen auf!
c. Husten Sie!
d. Nehmen Sie nach den Mahlzeiten diesen Sirup!
e. Machen Sie sich frei!
f. Strecken Sie die Zunge heraus!
g. Öffnen Sie den Mund!
h. Nehmen Sie diese Tabletten!

1.
2.
3.
4.
5.
6.
7.
8.

7.13 Telefonare

Telefonieren

Diese Sätze können beim Telefonieren nützlich sein. Drei davon passen übrigens zum nachfolgenden Gespräch. Welche? Tragen Sie sie ein.

a. Un momento prego.
b. Chi parla?
c. Questa è la segreteria telefonica del numero 962935.
d. Richiamo più tardi.
e. Non si sente bene, può parlare più forte, per favore?
f. Che numero ha fatto?
g. Posso lasciare un messaggio?
h. Posso parlare con Letizia, per favore?
i. Ha sbagliato numero.
j. Le vuole lasciare un messaggio?

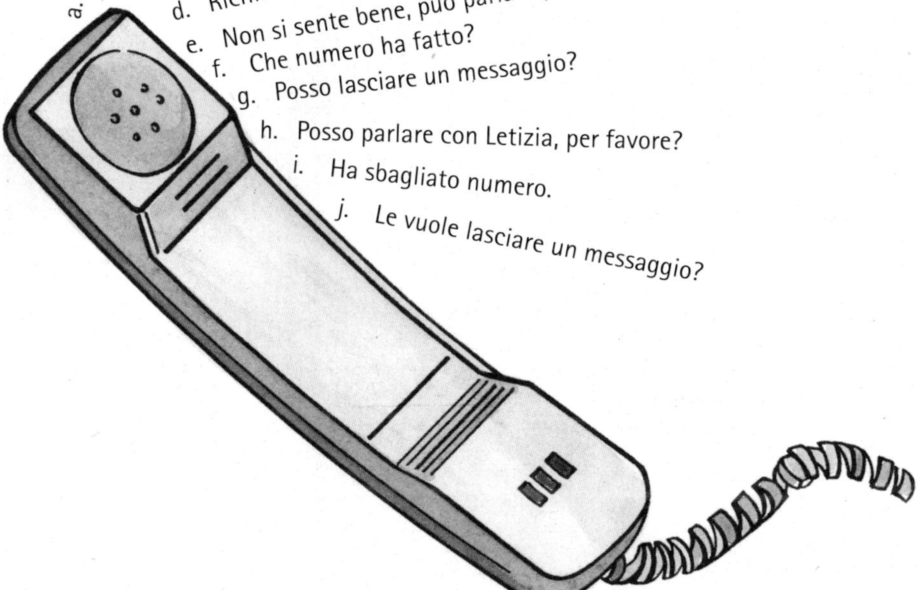

– Pronto?

= Buongiorno. Sono la signora Valli. ____________________?

– Purtroppo non è in casa, torna fra un'ora circa. ____________________

____________________?

= No, no, grazie, non fa niente. ____________________.

8. Kapitel

Grammatica

Grammatik

1. Grammatik muss nicht langweilig sein.

Grammatik wird einfacher, lebendiger und einprägsamer, wenn Sie anstatt Regeln auswendig zu lernen, sich auch Beispiele merken, die diese Regeln in Ihren Augen besonders gut veranschaulichen. Sammeln Sie möglichst viele gute Beispiele zu einem bestimmten Grammatikthema, lernen Sie diese anschließend auswendig und greifen Sie bei Bedarf darauf zurück. Übrigens hat diese Methode einen weiteren Lerneffekt, denn während Sie sammeln, üben Sie auch gleichzeitig.

2. Grammatik hat auch viel mit Wörtern zu tun.

Grammatik hat zwar viel mit Regeln zu tun, aber diese Regeln betreffen Wörter. Denken Sie zum Beispiel an die Pluralformen, an Präpositionen, Adverbien und Adjektive. Überdies handelt Grammatik auch davon, welche Wörter zusammenpassen und in welcher Form sie es tun. Sammeln Sie also Wörter und Wortkombinationen, die unter grammatikalischen Aspekten zusammenpassen, so zum Beispiel:

- unregelmäßige Substantive: *il problema, il telegramma, il collega;*
- Artikel und Substantiv: *lo zio, lo studente, lo spagnolo;*
- Verb und Adverb: *sto bene, parla lentamente;*
- Präposition und Substantiv: *dal medico, dal dentista, dal direttore.*

8.1 Articolo e sostantivo

Artikel und Substantiv

Wenn Sie ein neues Substantiv lernen, ist es sinnvoll, den Artikel gleich mitzulernen. Denken Sie dabei an Folgendes:

- *l'* nimmt man, wenn ein männliches oder weibliches Substantiv mit *a, e, i, o* oder *u* beginnt, beispielsweise: *l'espresso* und *l'amica,*
- *lo* verbindet sich mit einem männlichen Substantiv, das im Singular steht und mit *z* oder mit *s + Konsonant* beginnt, z. B.: *lo zio, lo studente* und *lo spagnolo,*
- *gli* steht bei männlichen Substantiven im Plural, die im Singular den Artikel *lo* oder *l'* haben. Zum Beispiel: *gli zii, gli studenti* und *gli espressi.*

a) Ergänzen Sie die Aufzählung auf der linken Seite mit il, lo, l' und la und die auf der rechten Seite mit i, gli und le.

A. ☺ A me piace ...

1. la ______ frutta, 2. ______ pesce, 3. ______ Italia, 4. ______ Francia, 5. ______ Spagna, 6. ______ Portogallo, 7. ______ spagnolo, 8. ______ inglese, 9. ______ inverno, 10. ______ autunno, 11. ______ opera italiana, 12. ______ sport e ______ notte.

B. ☺ Mi piacciono anche ...

1. le ______ lasagne, 2. ______ spaghetti, 3. ______ animali, 4. ______ film americani, 5. ______ spagnole, 6. ______ gonne lunghe, 7. ______ pantaloni, 8. ______ libri facili, 9. ______ persone gentili, 10. ______ viaggi all'estero.

Bei Verbindungen zwischen unbestimmtem Artikel und Substantiv ist es einfacher die passende Artikelform zu finden, da nur *un, uno, una* und *un'* zur Verfügung stehen. Merken Sie sich dabei Folgendes:

- *un'* steht bei weiblichen Substantiven, die mit *a, e, i, o* oder *u* beginnen, beispielsweise bei: *un'italiana, un'ora* und *un'estate,*
- *uno* nimmt man bei männlichen Substantiven im Singular, die mit *z* oder *s + Konsonant* beginnen, zum Beispiel bei: *uno zio, uno spagnolo* und *uno studente.*

b) Ergänzen Sie den Text mit un, uno, una und un'.

1. A colazione prendo volentieri ______ uovo, ______ fetta di pane e ______ caffè. 2. A pranzo mangio quasi sempre ______ piatto di pasta e ______ bella porzione di verdura. 3. La sera mangio poco, ______ insalata e basta. 4. Qualche volta finisco con ______ dessert: ______ macedonia, per esempio, ______ pezzo di dolce o ______ zabaione.

8.2 Sostantivo e aggettivo

Substantiv und Adjektiv

Wie Sie schon wissen, gibt es Adjektive, die wie *bello* auf *-o* enden, andere hingegen enden wie *grande* auf *-e* . Und so sehen dann Verbindungen zwischen diesen Adjektiven und den männlichen und weiblichen Substantiven aus:

*un giardin**o** grand**e** e bell**o***	*una cas**a** grand**e** e bell**a***
*un balcon**e** grand**e** e bell**o***	*una pension**e** grand**e** e bell**a***
*due balcon**i** grand**i** e bell**i***	*due pension**i** grand**i** e bell**e***

Mit welchen Adjektiven können die Sätze vervollständigt werden? Zwei Adjektive passen jeweils. Achten Sie auf ihre Endungen, denn sie führen Sie zum Ziel.

1. Ho un appartamento	☐ a. grande. ☐ b. luminoso. ☐ c. tranquille.
2. La mia vicina è	☐ a. sportive. ☐ b. carina. ☐ c. gentile.
3. Ho visto un film	☐ a. americano. ☐ b. interessanti. ☐ c. triste.
4. Mi piacciono le canzoni	☐ a. italiani. ☐ b. francesi. ☐ c. americane.
5. Ho un lavoro	☐ a. duro. ☐ b. noiose. ☐ c. difficile.
6. I miei genitori sono	☐ a. giovane. ☐ b. attivi. ☐ c. simpatici.
7. Vorrei abitare in un paese	☐ a. lontano. ☐ b. straniere. ☐ c. caldo.
8. Ho alcune amiche	☐ a. straniere. ☐ b. giovani. ☐ c. inglese.
9. Ho un'amica	☐ a. alte. ☐ b. francese. ☐ c. bionda.
10. Le mele sono	☐ a. mature. ☐ b. belli. ☐ c. verdi.

8.3 Aggettivo o avverbio?

Adjektiv oder Adverb?

Ist es denn so wichtig zu wissen, ob ein Wort ein Adjektiv oder ein Adverb ist? Ja, es ist wichtig, und zwar immer dann, wenn das Adverb eindeutig als solches erkennbar ist. Alle Adverbien auf *-mente* wie *facilmente, perfettamente, direttamente* gehören dazu, ebenso wie *bene* und *male.*

Entscheiden Sie nun, wo in den Sätzen das Adjektiv hingehört und wo das Adverb.

1. perfetto / perfettamente
   a. Luca parla perfettamente lo spagnolo.
   b. Il francese di Andrea è quasi perfetto ______ .

2. buona / bene
   a. Se volete mangiar ______ dovete andare „Da Mario".
   b. Il ristorante è caro, però la cucina è proprio ______ .

3. facile / facilmente
   a. Non è ______ imparare il tedesco.
   b. Chi sta in Germania un po' di tempo lo impara più ______ .

4. sicuro / sicuramente
   a. Sono ______ di non poter venire domani.
   b. Ugo arriva ______ in ritardo.

5. normale / normalmente
   a. ______ mi alzo alle sei e mezza.
   b. Luca è un tipo ______ come tanti altri.

6. raro / raramente
   a. Ho visto un uccello molto ______ .
   b. Purtroppo vado ______ in Italia.

7. naturale / naturalmente
   a. Quando Erica parla con me non è mai ______ .
   b. La sveglia non ha suonato e ______ io non mi sono svegliato.

8. diretto / direttamente
   a. Questa strada porta ______ alla stazione.
   b. C'è un treno ______ per Genova?

9. lento / lentamente
   a. Potrebbe parlare più ______ , per favore?
   b. Il mio computer è vecchio e ______ .

8.4 Le parole: molto, tanto, poco, troppo

Die Wörter: molto, tanto, poco, troppo

Kurz sind sie, diese Wörtchen, aber sie haben es in sich, denn je nachdem mit welchem Wort sie sich verbinden, verändern sie sich oder auch nicht.
Sie wissen sicherlich, dass sich *molto, poco, tanto, troppo* verändern, wenn sie vor einem Substantiv stehen. So heißt es zwar *mangio molt***o**, *bevo poc***o** und *sono tant***o** *contenta*, aber *mangio molt***a** *frutta, poch***i** *dolci, tropp***a** *panna.*

Und mit welcher Form des angegebenen Wortes müssen folgende Sätze jeweils ergänzt werden?

poco

1. A casa mia ci sono pochi mobili.
2. A pranzo ho mangiato ___________ .
3. Al cinema c'era ___________ gente.
4. Sono uscita con ___________ soldi.

molto

5. Mio padre ha ___________ libri; leggere gli piace ___________ .
6. La signora Carli è ___________ gentile.
7. Io conosco ___________ persone simpatiche.
8. Come segretaria non si guadagna ___________ .

tanto

9. Stasera non ho ___________ voglia di uscire.
10. Sono ___________ stanca! Ho ___________ bisogno di riposo, ma fino alle vacanze ci sono ancora ___________ giorni!

troppo

11. Mio marito lavora ___________ , ha ___________ impegni e ___________ cose da fare!
12. Spesso la sera sono ___________ stanca per guardare la TV.
13. Parli ___________ piano, non si capisce niente.

8.5 Verbi al presente

Verben im Präsens

Können Sie sich alle Verbformen im Italienischen gleich merken? Schreiben Sie Verben, die Sie sich nicht merken können, in Ihr Vokabelheft und prägen Sie sich die Formen ein, indem Sie sie in einen kurzen Satz einbinden: *Mio figlio* ***deve*** *andare dal dentista.*

Wollen Sie die Familie Valli kennen lernen? Dann ergänzen Sie den Text mit den angegebenen Verben in der jeweils passenden Verbform im Präsens.

1. Questi sono (essere) i Valli. 2. Lui ______ (essere) napoletano, lei genovese. 3. Da alcuni anni __________ (abitare) e __________ (lavorare) a Torino. 4. __________ (avere) due bambine, Emma e Luisa. 5. Emma ______ (avere) 8 anni e ______ (andare) a scuola. 6. Le ________ (piacere) molto andare a scuola; ________ (dire) che da grande ________ (volere) fare la maestra. 7. Luisa invece ______ (essere) piccola e ________ (andare) ancora all'asilo.

8. Il signor e la signora Valli __________ (uscire) di casa la mattina e __________ (tornare) verso sera.

9. Durante il giorno le bambine ________ (stare) con la nonna. 10. Emma e Luisa __________ (volere) molto bene alla nonna, perché con lei ___________ (fare) tante cose e quando la nonna _____________ (rimanere) con loro anche a cena, le due bambine ____________ (essere) felici. 11. Di solito, però, la nonna non __________ (cenare) con loro, __________ (preferire) tornare a casa sua e riposarsi.

12. I Valli ___________ (avere) anche un gatto. 13. _____________ (chiamarsi) Gervaso.

8.6 Verbi al passato prossimo

Verben im Perfekt

a) Haben Sie die Übung 8.5 gelöst? Dann wissen Sie auch schon, wer die Vallis sind. Lesen Sie nun, was sie am vergangenen Wochenende gemacht haben und ergänzen Sie den Text mit folgenden Verbformen.

A. ha preso | sono state | è andato | è andata

1. Sabato mattina il signor Valli ______________ la macchina ed ________________ a fare la spesa. 2. La signora Valli invece ________________ dal parrucchiere ed Emma e Luisa ________________ a scuola tutta la mattina.

B. si è riposata | sono andati | è uscita | hanno guardato | è rimasto

1. Sabato pomeriggio tutta la famiglia ________________ un po', poi la signora Valli ________________ a fare acquisti e il signor Valli ______________ a casa con le figlie. 2. La sera ________________ un po' la televisione e verso le 10 ____________ ______ tutti a letto.

C. hanno giocato | sono partiti | si sono divertite | hanno fatto | hanno giocato | hanno preso | hanno letto | hanno fatto | sono andati | È stata | si sono alzati

1. Domenica mattina ____________________ presto, ______________________ colazione, ________________ a prendere la nonna e tutti insieme ________________ per il mare. 2. ________________________ una giornata meravigliosa. 3. Le bambine ______________________ molto, ____________________ con altri bambini e ______________________ il bagno. 4. Gli adulti ________________ il sole, ______________________ e ______________________ a badminton.

b) Zu welchem Abschnitt des Wochenendes gehören diese Bilder? Ordnen Sie sie zu, indem Sie Bild 1, 2 oder 3 der entsprechenden Zeichnung zuordnen.

Bild 1 ☐ Bild 2 ☐ Bild 3 ☐

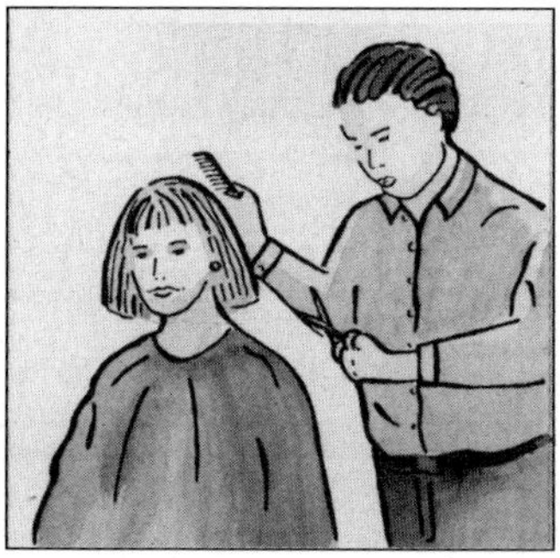

8.7 Passato prossimo o imperfetto?

Perfekt oder Imperfekt?

Perfekt oder Imperfekt? Das ist im Italienischen oft die Frage. Merken Sie sich deshalb einige typische Beispielsätze und greifen Sie darauf zurück, wann immer die leidige Frage sich wieder stellt.
Das Imperfekt verwendet man zum Beispiel, wenn ein Zustand oder eine Situation beschrieben wird. Eine Handlung hingegen steht im Perfekt. Hier zwei Beispiele:

- *Avevo 30 anni quando è scoppiata la seconda guerra mondiale.*
  Ich war 30 Jahre alt, als der 2. Weltkrieg ausbrach.
- *Ieri sono andato a letto presto perché ero molto stanco.*
  Gestern bin ich früh ins Bett gegangen, weil ich sehr müde war.

Wenn Sie wissen wollen, was Saverio getan hat und warum er es getan hat, müssen Sie den Satzanfängen das jeweils passende Ende zuordnen.

1. Pioveva *e allora non è uscito.*
2. Ha messo la cravatta ____________________
3. Ha incominciato a fumare ____________________
4. I suoi vecchi jeans erano tutti rotti ____________________
5. Siccome faceva bel tempo ____________________
6. Non poteva dormire ____________________
7. Non ha aspettato sua moglie ____________________
8. Ha preso un'aspirina ____________________
9. Siccome sua moglie era malata ____________________
10. Ha deciso di seguire un corso di tedesco ____________________

a. perché doveva andare in Germania.
b. perché aveva mal di testa.
c. ha preso la macchina ed è andato al mare.
d. e allora si è alzato.
e. si è occupato lui della casa.
f. ~~e allora non è uscito.~~
g. perché era nervoso.
h. perché era già tardi.
i. e allora ne ha comperato un nuovo paio.
j. perché aveva un appuntamento importante.

8.8 Preposizioni

Präpositionen

Die Wörtchen *a, da, di, in, su* sind richtige Verwandlungskünstler: Je nachdem vor welchem Wort sie stehen, verändern sie sich oder auch nicht. In Verbindung mit dem bestimmten Artikel gibt es eine Fülle von Formen. Bei der Präposition *da* zum Beispiel lauten die Formen *dal, dall', dallo, dalla, dai, dagli* und *dalle.*

a) Wie lautet die jeweils passende Form von a, da, di, su, in?

1. Questa strada porta ...
A alla stazione, _______ zoo, _______ mare, _______ Padova, _______ aeroporto.

2. I bambini sono ...
DA _______ nonni, _______ Erica, _______ vicina, _______ zii, _______ padre.

3. Hanno ritrovato il cane ...
DI _______ Eva, _______ tuo amico, _______ mia amica, _______ zio, _______ vicini.

4. Il gatto si è messo ...
SU _______ letto, _______ sedia, _______ vestiti, _______ armadio, _______ camicie.

5. C'è troppo sale ...
IN _______ insalata, _______ minestra, _______ spinaci, _______ succo di pomodoro.

b) Jetzt geht es darum zu wissen, wann man die angegebenen Präpositionen braucht. Tragen Sie sie ein, ohne etwas zu verändern.

con di in a al per di senza in di

1. Il prossimo autobus _______ Viareggio parte tra un quarto d'ora.
2. Il nostro insegnante è _______ Torino; adesso sta _______ Milano.
3. Mi piacerebbe vivere un po' di tempo _______ Francia.
4. Un bicchiere _______ vino, un succo _______ frutta e due panini _______ salame, per favore.
5. L'ENIT è _______ via Mazzini.
6. Signora, prende il caffè _______ o _______ zucchero?

8.9 Indicazioni di luogo

Ortsangaben

Zwei Sätze stimmen nicht mit der Zeichnung überein, welche? Um das herauszufinden, müssen Sie die hervorgehobenen Ortsangaben verstehen. Schauen Sie sich zunächst das Bild an und vergleichen Sie anschließend die Satzaussagen mit dem Bildinhalt. Schreiben Sie die Ziffern der Sätze, die nicht stimmen, unten auf.

1. **In mezzo alla** stanza c'è un grande tavolo.
2. **Tra la** finestra e la libreria c'è un albero di Natale.
3. **Intorno all'**albero ci sono tanti regali.
4. **Sul** caminetto c'è un vaso.
5. **Sopra il** caminetto c'è un bel poster.
6. **Dietro la** porta si vede un bambino.
7. La madre e Laura sono sedute **davanti al** televisore.
8. E poi ci sono anche due gatti e un cane. Uno dei due gatti si è messo **sotto il** tavolo.
9. L'altro è salito **sulla** libreria.
10. Il cane invece si è messo **accanto al** divano.

Folgende Sätze stimmen nicht: ❒ ❒

8.10 Congiungere due frasi

Zwei Sätze miteinander verbinden

Wenn Sie ein Brötchen essen, weil Sie hungrig sind, können Sie sagen: *Mangio un panino. Ho fame.* Eindeutiger ist es allerdings, wenn Sie aus den beiden Sätzen einen einzigen bilden. In diesem Fall benützen Sie *perché*:
Mangio un panino perché ho fame.
Weitere Wörter, mit denen Sie Sätze verbinden können, sind in folgender Übung hervorgehoben.

Hier brauchen Sie lediglich die zwei passenden Satzhälften zu sinnvollen Sätzen zusammenzufügen.

1. ~~Vado a letto~~ presto
2. **Siccome** mio marito non è stanco,
3. Ho la febbre,
4. Non rinuncio mai al dessert,
5. Mio marito non è stanco
6. Perché non rimani a letto
7. Vieni con noi

a. **se** hai la febbre?
b. **perché** devo alzarmi presto.
c. **e allora** legge ancora un po'.
d. non va ancora a letto.
e. **ma** vado lo stesso a lavorare.
f. **oppure** peferisci rimanere a casa?
g. **anche se** so che poi ingrasso.

1. Vado a letto presto ____________________

2. ____________________

3. ____________________

4. ____________________

5. ____________________

6. ____________________

7. ____________________

8.11 Gli interrogativi

Die Fragepronomen

Welches der folgenden Wörter und Ausdrücke benötigen Sie jeweils, um die angegebenen Fragen zu vervollständigen?

Con chi   *Dove*   Che cosa   *Quanti*   A chi   *Quando*

Qual è   Chi   Quale   Quanto   Perché   Come

1. – _____________ è il signore con la giacca marrone? = Il padre di Gaetano.	7. – _____________ si chiama la tua amica? = Graziella.
2. – _____________ hai telefonato? = A Giovanni.	8. – _____________ partite per Parigi? = Domenica prossima.
3. – _____________ giorni pensi di stare a Milano? = Pochi, tre o quattro.	9. – _____________ sei andato in discoteca? = Con Ugo e Ilaria.
4. – _____________ abiti? = In via Madama Cristina.	10. – _____________ costa la camicetta di seta? = 180'000 lire.
5. – _____________ vestito mi metto? Quello nero? = Sì, quello nero va bene.	11. – _____________ Franco non è venuto ? = Perché non si sente molto bene.
6. – _____________ fate? = Stiamo giocando a carte.	12. – _____________ il tuo ombrello? = Quello rosso.

8.12 Pronomi diretti e indiretti, ci e ne

Direkte und indirekte Pronomen, ci und ne

a) Wenn Sie wissen, welche Wörter lo, la, li, le, gli, ci und ne ersetzen können, wissen Sie auch, von welcher der hier abgebildeten Personen oder Sachen in den Sätzen jeweils die Rede ist. Ordnen Sie zu.

a.

b.
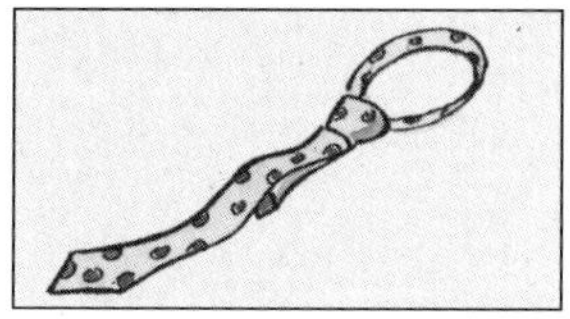
c.

d.

e.

f.

g.

h.

☐ 1. Di solito la gente non **li** mette volentieri.
☐ 2. Gli uomini **la** mettono quando devono essere eleganti.
☐ 3. **Lo** leggo tutte le mattine.
☐ 4. **Ne** bevo almeno quattro al giorno.
☐ 5. Tanta gente **ci** va solo a Natale e a Pasqua.
☐ 6. **Le** metto soprattutto quando vado a teatro.
☐ 7. **Gli** telefono quando sono ammalata.
☐ 8. **Le** ho mandato gli auguri di buon anno.

b) Hier geht es um die Wörtchen ti, vi, Le, La, mi, ci. Wenn Sie jemanden ansprechen oder jemandem antworten, sind sie ganz besonders wichtig. Ergänzen Sie damit die Kurzdialoge.

1. – Signor Valli, a che ora ______ posso telefonare domani?
   = Mah, ______ telefoni all'ora di pranzo.
2. – Signora, ______ ringrazio per il regalo, ha avuto un'ottima idea!
   = Ah, sono contenta se ______ piace.
3. – Allora ragazzi, che cosa ______ offro?
   = ______ puoi portare una coca-cola o anche dell'acqua e basta.
4. – Stefano, ma è vero che ______ piacciono i jeans rotti?
   = Certo che ______ piacciono!

8.13 I possessivi

Die Possessivpronomen

Possessivpronomen sind einfacher als man denkt. Merken Sie sich dazu Folgendes:

- Possessivpronomen werden mit dem bestimmten Artikel verwendet und verändern sich, je nachdem auf welches Wort sie sich beziehen, z.B.: *il mio libro, la mia casa, i miei vestiti, le mie fotografie.*
- Der bestimmte Artikel entfällt bei Verwandtschaftsbezeichnungen im Singular. So heißt es *mio zio* und *mia zia,* in der Mehrzahl hingegen *i miei zii, le mie zie.*

a) Setzen Sie das angegebene Possessivpronomen vor die Substantive. Entscheiden Sie auch, ob der bestimmte Artikel erforderlich ist oder nicht.

1.	il mio ragazzo	________ fratello	________ amiche
mio	________ genitori	________ colleghi	________ sorelle

2.	________ amico	________ padre	________ nonni
tuo	________ colleghe	________ madre	________ macchina

3.	________ casa	________ figlia	________ parenti
nostro	________ vacanze	________ amici	________ cane

4.	________ figli	________ vicini	________ padre
vostro	________ camera	________ tavolo	________ mobili

Im Gegensatz zu den anderen Possessivpronomen verändert sich *loro* nie und wird immer mit dem bestimmten Artikel verwendet. Hier einige Beispiele:
la loro casa, il loro nonno, i loro cugini, le loro figlie.

b) Mit welchen Formen von suo bzw. loro müssen folgende Beschreibungen ergänzt werden?

1. Questo è il signor Vanni con ________ macchina fotografica, ________ cappello preferito, ________ scarpe più eleganti.

2. Questa è la signora Vanni con ________ bicicletta, ________ impermeabile preferito, ________ jeans.

3. Ed ecco ________ gatto e ________ figli.

8.14 La negazione

Die Verneinung

Wie Sie sicherlich wissen, wird im Italienischen die Verneinung mit *non* oder mit *non … più/mai/nessuno/niente/neanche* gebildet. Denken Sie daran, dass *non* vor dem konjugierten Verb steht bzw. vor der Gruppe Pronomen + konjugiertes Verb.
Hier einige Beispielsätze:

*Erica **non** fuma.*	Erika raucht nicht.
*Stasera **non** vogliamo uscire.*	Heute Abend wollen wir nicht ausgehen.
*Perché **non** lo aiuti?*	Warum hilfst du ihm nicht?
***Non** vedo niente.*	Ich sehe nichts.

Wenn Sie die Wörter bzw. Satzteile in die richtige Reihenfolge setzen, finden Sie vielleicht den einen oder anderen Satz, den auch Sie sagen könnten.

1. [giovane] [Non] [tanto] [sono] [più]

2. [di uscire] [più] [Non] [tutte le sere] [voglia] [ho]

3. [piacciono] [I film] [non] [mi] [tristi]

4. [sto male] [neanche mia moglie] [non] [Quando] [nessuno] [voglio vedere]

5. [più] [carne] [mangio] [Non]

6. [vino] [A pranzo] [mai] [bevo] [non]

7. [niente] [mangio] [Tra i pasti] [non]

8. [La domenica mattina] [a letto] [assolutamente] [e non] [niente] [faccio] [sto]

8.15 La comparazione

Die Steigerung

a) Vervollständigen Sie die Vergleiche mit più bzw. meno.

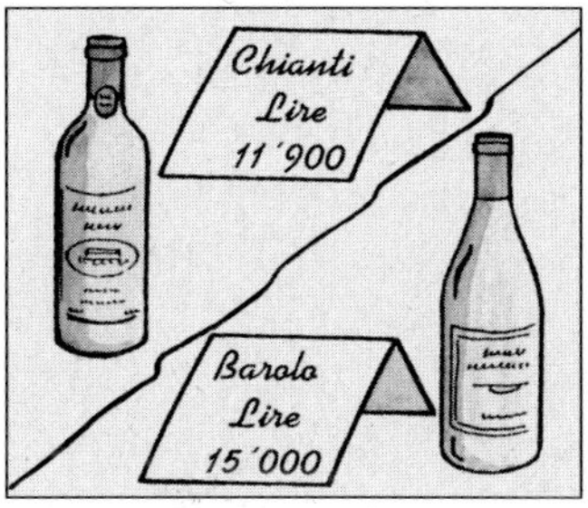

1. Il Chianti è _______ caro del Barolo.

2. Chiara è ________ carina di Laura.

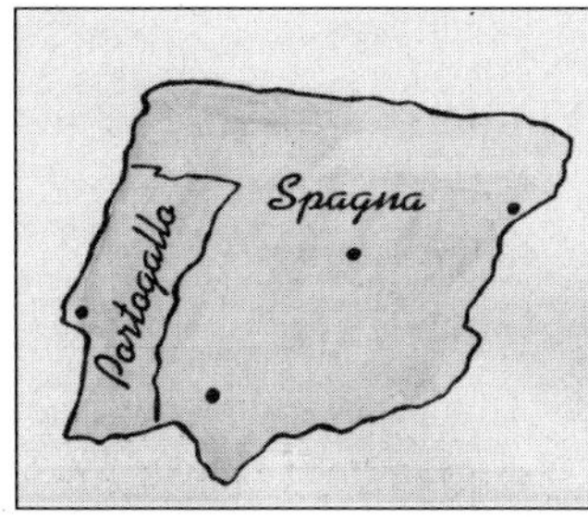

3. Il Portogallo è _______ grande della Spagna.

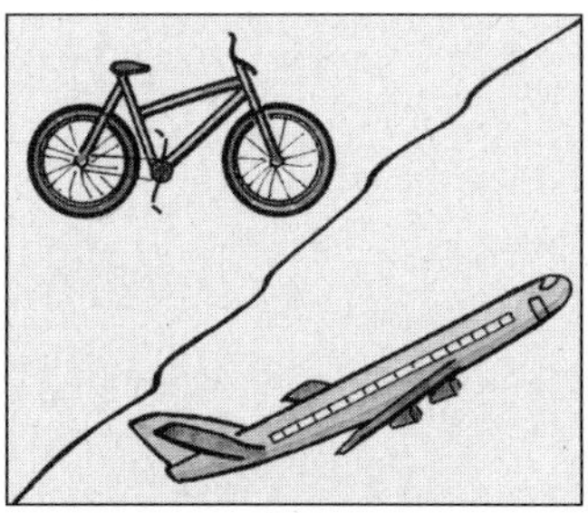

4. La bicicletta è ______ veloce dell'aereo.

5. Lo sci è certamente ____ pericoloso del golf.

6. Silvia è ________ sportiva di Valeria.

b) Welcher der drei Herren ist jeweils gemeint? Lesen Sie sich die Sätze durch und tragen Sie die entsprechenden Namen ein.

Cognome: Carpi
Nome: Ugo
Data di nascita: 18/12/1938
Altezza: 1,82 m
Peso: 80 kg

Cognome: Gatti
Nome: Enzo
Data di nascita: 14/2/1932
Altezza: 1,73 m
Peso: 95 kg

Cognome: Varon
Nome: Marcello
Data di nascita: 30/5/1924
Altezza: 1,76 m
Peso: 71 kg

a. È il più alto dei tre. ______________
b. È il meno pesante di tutti. ______________
c. È il più pesante e il meno alto. ______________
d. È il meno anziano dei tre. ______________
e. È il più anziano. ______________

9. Kapitel

Giochi

Spiele

1. Spielerisch und spielend Italienisch lernen.

Je mehr Freude und Spaß Sie beim Lernen haben, desto besser und schneller werden Sie sich Italienisch aneignen. Spiele mit und in der Fremdsprache sind ganz besonders dazu geeignet, auf unterhaltsame Weise Ihre Italienischkenntnisse zu vertiefen.

2. Spiele zum Selbermachen.

Sie lernen schon viel, wenn Sie ein Kreuzworträtsel lösen oder in einem Buchstabenquadrat die gewünschten Wörter finden. Noch mehr lernen Sie jedoch, wenn Sie selbst ein Kreuzworträtsel anfertigen - mit den Wörtern einer Lehrbuchlektion, zum Beispiel - oder mit bestimmten Verbformen ein Buchstabenquadrat zusammenstellen und jemandem zum Lösen, Pardon, zum Spielen geben. Ganz besonders ertragreich für Ihr Italienisch ist die Suche nach Wortpaaren und Wortreihen wie *due - tue* bzw. *sue - due - tue - tre.* Sie kann im Übrigen so fesselnd sein, dass Sie sich kaum mehr davon losreißen können.
Also, worauf warten Sie noch? Lassen Sie uns auf Italienisch spielen.

9.1 Chi cerca, trova

Wer sucht, der findet

Auch Partizipien wollen geübt sein, vor allem unregelmäßige. Denken Sie übrigens daran, dass viele Verben, die auf *-ere* enden, ein unregelmäßiges Partizip haben, wie zum Beipiel: *chiudere > chiuso.*

In diesem Buchstabenquadrat sind von rechts nach links und von oben nach unten die Partizipien der angegebenen Verben versteckt. Umkreisen Sie sie. Und nun viel Spaß beim Suchen.

chiudere	aprire	nascere	succedere	essere
mettere	chiedere	venire	prendere	fare
scrivere	dire	vedere	leggere	vendere
perdere	scendere	accendere	avere	morire

V	S	A	V	U	T	O	V	E	D	Z
E	C	H	I	U	S	O	E	N	E	M
N	R	I	S	O	N	U	N	A	T	O
D	I	S	T	A	T	O	U	C	T	R
U	T	T	O	P	P	A	T	H	O	T
T	T	P	R	E	S	O	O	I	T	O
O	O	P	E	R	S	O	S	E	M	V
R	F	A	T	T	O	M	E	S	S	O
S	C	E	S	O	I	L	E	T	T	O
E	S	U	C	C	E	S	S	O	M	R
M	I	D	V	A	C	C	E	S	O	F

9.2 Parole crociate

Kreuzworträtsel

a) Waagrecht: Bei den fett gedruckten Wörtern handelt es sich um Befehlsformen. Die angesprochene Person wird dabei geduzt. Wie lauten die Befehle, wenn sie gesiezt wird? Tragen Sie die entsprechenden Formen ein.

9. **Stai** attento a non svegliare il bambino!
10. Posso aprire la finestra? – Certo, **fai** pure!
11. **Leggi** quest'articolo, è molto interessante.
12. **Senti**, a che ora incomincia il film?
13. Potresti aiutarmi a mettere in ordine la stanza? – No **guarda**, adesso proprio non posso, sto uscendo.
14. A che ora devo venire a prenderti? – Ma, non so, **vieni** verso le sette.
15. Ti prego, **sii** gentile con Emma, è la mia amica.
19. **Aspetta**, per favore!
20. Non so se invitare anche Massimo. – Ma certo, **invita** anche lui.
22. Posso dirti una cosa? – Certo, **di'** pure!
25. **Abbi** pazienza, è ancora un bambino!
26. Per le fotocopie **chiedi** alla segretaria.
30. Non sto molto bene oggi; **vai** tu a fare la spesa, per favore.
31. **Scusa**, è tua questa borsa?
32. Se hai mal di stomaco, **prendi** queste pastiglie.
33. **Lascia** pure, lavo io i piatti.
35. **Decidi** tu se andare in vacanza con o senza i tuoi genitori.

b) Senkrecht: Bei diesen fett gedruckten Befehlsformen wird die angesprochene Person gesiezt. Wie lauten die Befehle, wenn sie geduzt wird? Tragen Sie die entsprechenden Formen ein.

Denken Sie daran, dass die Objektpronomen an die du-Form angehängt werden.
Zum Beispiel: *Credimi!* Glaub mir!

1. Che cosa si regala a un collega che va in pensione? – **Gli regali** un bel libro.
2. Dove va il vino? – **Lo porti** in cantina.
3. **Tenga** pure il resto!
4. Non è un po' stretta questa giacca? – Con un maglione sotto forse sì; **la provi** senza maglione.
5. **Cerchi** di rispondere subito alla lettera.
6. **Salga** prima Lei in macchina!
7. Ho un biglietto per „La Traviata". A me non interessa, **ci vada** Lei, so che a Lei piace l'opera.
8. **Mi dia** due etti di prosciutto cotto, per favore.
16. Se ci sono problemi con il computer **lo dica** alla signora Boni.
17. **Mi faccia** il favore di non fumare in questa stanza!
18. Prego, **si serva**!
21. A chi devo dare il pacco? – **Lo dia** alla segretaria.
23. Se vede il signor Binosi **gli dica** di telefonarmi domani mattina.
24. **Mandi** un fax, è più veloce.
27. Le chiavi **le dia** ai vicini.
28. Prego, **si accomodi**!
29. **Mi saluti** Sua moglie!
34. Se ha bisogno di aiuto, **mi chiami**.

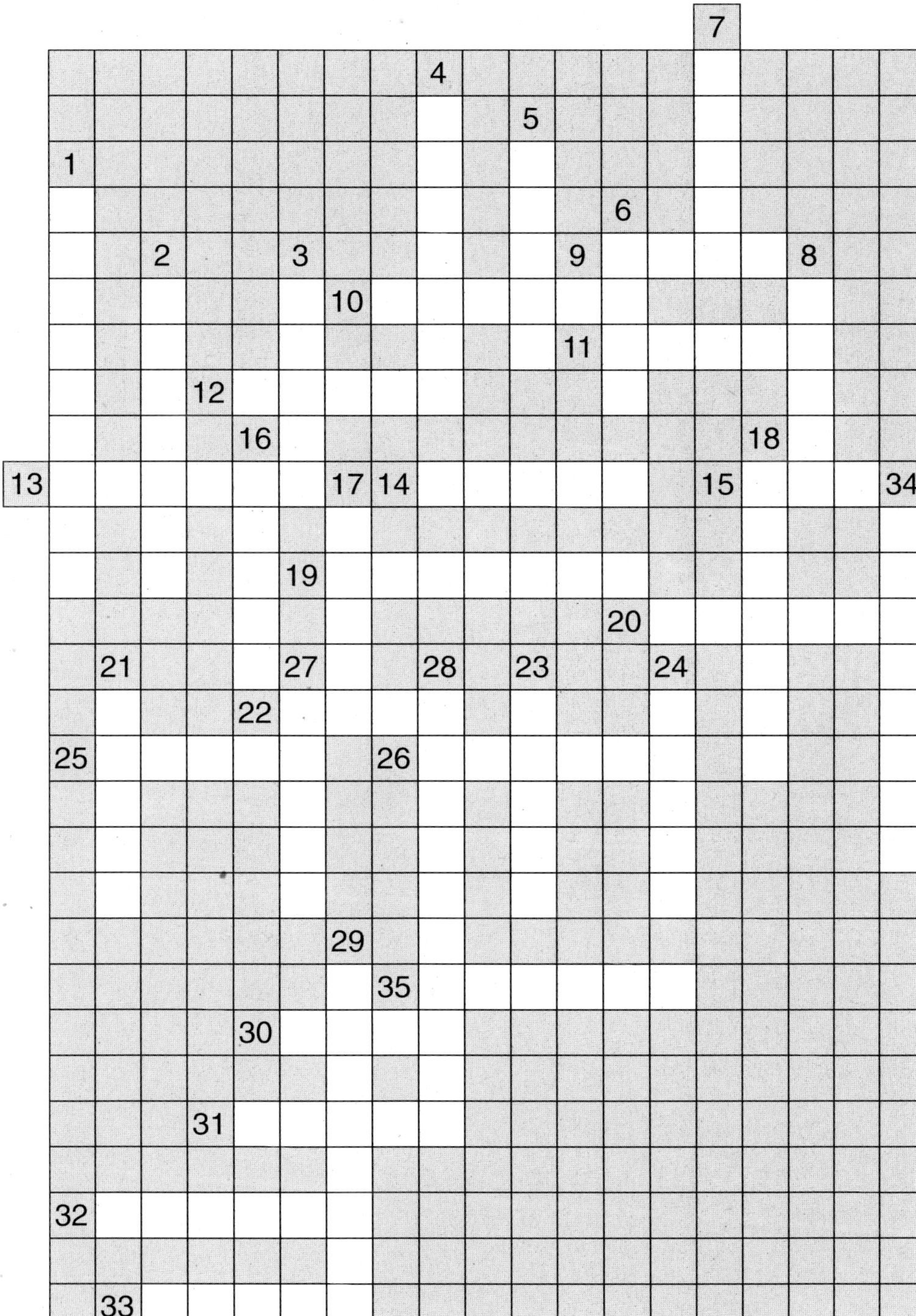
7
4
5
1
6
2
3
9
8
10
11
12
16
18
13
17
14
15
34
19
20
21
27
28
23
24
22
25
26
29
35
30
31
32
33

9.3 Il metagramma

Das Metagramm

Es gibt Wörter, die sich durch einen einzigen Buchstaben unterscheiden. Findet man den Buchstaben, der verändert werden kann, ist es möglich, Wortpaare wie *due - tue* oder gar Wortreihen wie *sue - due - tue - tre* zu bilden. Raten und die Kontrolle mit dem Wörterbuch sind dabei das A und O.

a) Beginnen wir mit den Wortpaaren. Welches Wort können Sie bilden, indem Sie einen Buchstaben auswechseln? Wenn Sie das Wort gefunden haben, können Sie auch gleich den dazugehörigen Satz damit vervollständigen.

1. cucina

La figlia della sorella di mia madre è mia cugina. — cugina

2. forse

Il caffè italiano è ____________ — ____________

3. marco

Non sappiamo se partire in febbraio o in ____________ — ____________

4. donna

Questa ____________ è un po' stretta. — ____________

5. panna

Hai una ____________ ; devo scrivere qualcosa. — ____________

6. cane

Con il formaggio bisogna mangiare del ____________ — ____________

7. chiamo

In estate, alle otto, è ancora ____________ — ____________

8. bello

Quando ____________ il rock dimentico tutto. — ____________

b) Nun sind Sie gewappnet für die Wortreihen und wenn Sie nach dem gleichen Prinzip wie bei a) verfahren, schaffen Sie auch diese ohne weiteres.

1. Perché non dai la **mano** quando saluti? — mano

   Dovresti mangiare *meno* ________ dolci. — *meno* ________

   Qualche volta ________ con una mela e basta. — ________

   Alcune donne hanno un gran ________ . — ________

   Qui da noi c'è un clima molto ________ . — ________

2. Andate pure al cinema; vi **tengo** io il bambino. — tengo

   Aspettatemi, ________ anch'io con voi! — ________

   In Sardegna c'è spesso molto ________ . — ________

   Ma come sei ________ ! Cammina, è tardi! — ________

   Aiutami, ho perso una ________ a contatto. — ________

3. Quando c'è il **sole** fa caldo. — sole

   Nella minestra manca il ________ . — ________

   Il rosso a me sta ________ . — ________

   In estate tanta gente va al ________ . — ________

4. Mi fai **pena** quando sei così triste. — pena

   Che frutta prendi, una mela o una ________ ? — ________

   Domani ________ esco con degli amici. — ________

   Il film racconta una storia ________ . — ________

5. Non ho capito, che cosa hai **detto** ? — detto

   Se sei stanco dovresti andare a ________ . — ________

   Abbiamo tre stanze e una
   mansarda sotto il ________ . — ________

Test 1

Test 1

Möchten Sie wissen, was Sie vom Gelernten behalten haben? In den nächsten fünf Tests können Sie Ihre Kenntnisse überprüfen.
Test 1 fragt das 2. Kapitel ab.

Welches Wort bzw. welcher Ausdruck passt jeweils nicht zu den anderen? Umkreisen Sie ihn.

1. a. correre	b. dormire	c. ballare	d. viaggiare
2. a. sera	b. mattina	c. inverno	d. notte
3. a. cravatta	b. maglione	c. gonna	d. tenda
4. a. quadro	b. cappotto	c. vaso	d. cuscino
5. a. domenica	b. mercoledì	c. autunno	d. sabato
6. a. giallo	b. viola	c. blu	d. caldo
7. a. maggio	b. sogno	c. giugno	d. luglio
8. a. secondo	b. undici	c. quattro	d. sedici
9. a. è l'una	b. è la prima	c. è la mezza	d. è mezzanotte
10. a. Peccato!	b. Salute!	c. Buon viaggio!	d. Tanti auguri!
11. a. No, per niente!	b. Per carità!	c. Insomma!	d. È uno schifo!
12. a. Ma è fantastico!	b. Che bello!	c. Ottima idea!	d. Che delusione!

Test 2

Test 2

Mit Hilfe von Test 2 können Sie prüfen, was Sie im 3. Kapitel gelernt haben.

Aufgabe 1

Ergänzen Sie die Reihen mit dem jeweils passenden Wort. Nehmen Sie dazu folgende Wörter zu Hilfe.

il parrucchiere · la macchina · anziano · l'isola · la cugina · sciare · la tazza · il pattinaggio · le albicocche

1.	l'impiegato	lo studente	l'attore	________
2.	grasso	mal vestito	brutto	________
3.	la forchetta	il cucchiaio	la pentola	________
4.	la moglie	la madre	la zia	________
5.	far vela	nuotare	giocare a golf	________
6.	il calcio	la pallavolo	l'equitazione	________
7.	il tram	l'autobus	il motorino	________
8.	l'onda	la spiaggia	la baia	________
9.	le pere	le mele	l'uva	________

Aufgabe 2

Ergänzen Sie den Satz mit einer der angegebenen Möglichkeiten.

1. Come primo prendo ________

a. un antipasto misto · b. la sogliola ai ferri · c. le lasagne

2. Nel tempo libero gioco ________

a. a ballare · b. il piano · c. a bocce · d. a teatro

3. Il ________ di fronte alla chiesa ha dell'ottima carne.

a. tabaccaio · b. pescivendolo · c. enoteca · d. macellaio

4. Con ________ si può telefonare dappertutto e in ogni momento.

a. il telefono portatile · b. il telefonino · c. la segreteria telefonica

5. Signora, Lei di dov'è? - Sono ________

a. a Milano · b. Italia · c. italiana · d. di Como

Test 3

Test 3

Wenn Sie überprüfen möchten, was Sie in Kapitel 6 erarbeitet haben, dann können Sie Test 3 bearbeiten.

Ergänzen Sie die Sätze mit dem jeweils passenden Wort bzw. Ausdruck.

1. Devo ancora mettere ________________ al contratto di lavoro.

a. in ordine | b. la firma | c. la scusa | d. paura

2. Carlo ha preso ________________ e adesso è a letto con la febbre.

a. la patente | b. un caffè | c. pena | d. l'influenza

3. Se fai ________________ prima di prendere l'autostrada paghi di meno.

a. in tempo | b. sciopero | c. benzina | d. un caffè

4. Devo andare ________________ banca a cambiare delle lire.

a. alla | b. in | c. a | d. nella

5. Se volete fare ________________ tempo dovete prendere un taxi.

a. per | b. al | c. in | d. da

6. Quanti anni ________________ tua sorella?

a. fa | b. ha | c. sa | d. è

7. A quest'ora c'è tanto traffico e si ________________ tanto tempo.

a. perde | b. ha | c. prende | d. serve

8. Se arrivate in ritardo dovete ________________ scusa.

a. mettere | b. dire | c. chiedere | d. fare

9. A che ora mi vieni ________________ prendere?

a. - | b. a | c. di | d. da

10. Vorrei ________________ casa.

a. cambiar | b. mettere | c. prendere | d. far

11. Non dimenticare di ________________ la luce quando esci.

a. mettere | b. guidare | c. spendere | d. spegnere

12. Hai ________________ gli auguri di buona Pasqua ai Pasini?

a. detto | b. lasciato | c. mandato | d. finito

13. Questi pantaloni mi sembrano un po' ________________ .

a. stretti | b. preziosi | c. salati | d. spaziosi

Test 4

Test 4

Wollen Sie wissen, ob Sie das 7. Kapitel gründlich genug bearbeitet haben, dann machen Sie Test 4.

Ergänzen Sie mit dem jeweils passenden Ausdruck bzw. Wort.

1. Ciao Rita, ________________ ? - Bene, grazie, e tu?

a. cosa hai b. come stai c. come sta d. stai bene

2. ________________ , signora e a domani!

a. ArrivederLa b. Ciao c. Desidera d. Salute

3. Vorrei un ________________ di olive nere, per favore.

a. mezzo chilo b. pezzo c. vasetto d. pacco

4. Vorrei prenotare un posto per ________________ .

a. prima classe b. il supplemento c. non fumatori d. il binario

5. Facciamo una passeggiata? - ________________ .

a. Che ne dici. b. Ottima idea! c. Hai voglia. d. A presto.

6. È ________________ questo pullover? - Sì, ma c'è anche un po' di seta.

a. a quadri b. di pelle c. di lana d. a righe

7. Allora, prendiamo due pizze alla marinara e ________________ due birre.

a. beviamo b. da bere c. vogliamo d. come secondo

8. Dunque, Lei va dritto ________________ incrocio e lì gira a destra.

a. a sinistra b. fino all' c. prima dell' d. e continua

9. Buon divertimento! - ________________ .

a. Alla tua! b. Piacere. c. Grazie altrettanto. d. Prego.

10. Qual è ________________ della camera? - 180'000 lire.

a. il prezzo b. il pezzo c. il peso d. la spesa

11. Non sento bene, può parlare ________________ , per favore?

a. più forte b. più piano c. più lentamente d. più lento

12. Ho camminato tutto il giorno e adesso ________________ i piedi.

a. ho male b. mi fa male c. mi fanno male d. ho mal di

13. Scusi, ________________ a che ora è? - Dalle 7. 30 alle 10.

a. il pranzo b. la sveglia c. la prima colazione d. la sera

Test 5

Test 5

Test 5 hilft Ihnen dabei, das Gelernte von Kapitel 8 zu überprüfen.

Kreuzen Sie die Wörter an, die in den Satz passen.

1. Hai letto a. ❒ l' b. ❒ lo c. ❒ il articolo sui cani? - Sì, è d. ❒ un e. ❒ uno f. ❒ un' articolo interessante.

2. Le macchine a. ❒ veloce b. ❒ veloci sono troppo c. ❒ pericolose. d. ❒ pericolosi.

3. Non ho mai a. ❒ tanto b. ❒ tanta sete e probabilmente bevo troppo c. ❒ poco. d. ❒ poca

4. Siccome a. ❒ faceva b. ❒ ha fatto molto caldo, c. ❒ decidevo d. ❒ ho deciso di andare in piscina.

5. Ho un a. ❒ leggermente b. ❒ leggero raffreddore.

6. a. ❒ Sullo b. ❒ Sul giornale c'è un'ottima critica c. ❒ del d. ❒ dello spettacolo di ieri.

7. Ho comperato una nuova lavatrice, a. ❒ ma b. ❒ siccome c. ❒ perché quella vecchia si è rotta.

8. Mia figlia a. ❒ ha preso b. ❒ è presa la patente un mese fa.

9. a. ❒ Qual è b. ❒ Quale giacca preferisci, quella blu o quella a righe?

10. Hai telefonato alla signora Piovesan? - No, a. ❒ Le b. ❒ le telefono domani.

11. Abbiamo incontrato i Colussi con a. ❒ la loro b. ❒ loro figlia.

12. Una casa è a. ❒ la più b. ❒ la meno c. ❒ più cara di un vestito.

13. Ho lasciato la macchina a. ❒ intorno al b. ❒ davanti al garage.

Soluzioni

Lösungsschlüssel

1.2. 1. a.auf dem „i" b.autista, autista c.autiste, autisti
2. medico, dottore, medico, dottoressa

1.3 1.campo, materia 2.rimanere per strada 3.Mario ist in den Ruhestand gegangen 4.langsam

1.4 1.Non c'è male 2.di niente 3.dare una mano 4.a presto 5.faccia pure 6.vanno d'accordo 7.Che ne diresti 8.Ti dispiace

1.5 **a)** 1.g; 2.f; 3.a; 4.i; 5.b; 6.j; 7.c; 8.d; 9.h; 10.e
b) a.4; b.9; c.6; d.3; e.10; f.2; g.7; h.8; i.5; j.1

1.6 **b)** 2. 4. 5. **c)** 1. a.attive b.pesantissimo c.turistiche d.tranquilli e.storico f.ideale g.lunghi h.buona i.piccoli j.lunghe 2. a.ballare b.camminare c.arrivare d.cadere 3. a.alle, ore b.da, al c.sera, subito 4. a.voglia, zeppi b.morto c.dal d.bene

1.7 1.e, k, h; 2.a, f, l; 3.i, b, j; 4.c, g, d

1.8 1.a, g, l, o, s, w; 2.d, n, t, x; 3.b, c, e, i, k, m, u, y; 4.h, q; 5.f, j, p, r, v

1.9 **a)** 1.bene, male 2.fuori, dentro 3.difficile, facile 4.stretto, largo 5.calda, fredda
b) 1/6, 2/10, 3/13, 4/17, 5/8, 7/20, 9/15, 11/14, 12/18, 16/19

1.10 **a)** 1.amore 2.vivere 3.prenotazione 4.decisione 5.permettere 6.sbaglio 7.informazione 8.arrivare
b) 1.giovane, bello, ricco, forte, sano, simpatico 2.vecchio, povero, malato

2.1 **a)** a.8; b.9; c.10; d.7; e.3; f.6; g.4; h.2; i.5; j.1
b) bianco, bianca, gialle, gialli, marrone, rossi, verdi, nere, viola, arancione

2.2 **mobili:** il tavolo, la sedia, la scrivania, la poltrona, il divano, l'armadio **oggetti di arredamento:** le tende, il tappeto, la lampada, il vaso, lo specchio, il cuscino, il quadro **abbigliamento:** la giacca, gli stivali, le scarpe, la camicia, la cravatta, la gonna, la camicetta, il cappotto, il maglione, i pantaloni, l'impermeabile

2.3 **a) giorni:** 1.lunedì 2.martedì 3.mercoledì 4.giovedì 5.venerdì 6.sabato 7.domenica **parti della giornata:** 1.mattina 2.pomeriggio 3.sera 4.notte **precisazioni:** 1.stamattina 2.domani mattina 3.ieri pomeriggio 4.questo pomeriggio 5.stasera 6.domani sera 7.stanotte
b) 1.La domenica 2.Martedì mattina 3.Il mercoledì sera 4.Giovedì pomeriggio

2.4 **a)** 1.la primavera 2.l'estate 3.l'autunno 4.l'inverno
b) 1. In estate 2.In inverno 3.In autunno 4.In primavera
c) 1.gennaio 2.febbraio 3.marzo 4.aprile 5.maggio 6.giugno 7.luglio 8.agosto 9.settembre 10.ottobre 11.novembre 12.dicembre
d) 1.in giugno 2.in luglio

2.5 **a)** 1.undici 2.dodici 3.tredici 4.quattordici 5.quindici 6.sedici 7.diciassette 8.diciotto 9.diciannove 10.venti
b) 40: quaranta 31: trentuno 58: cinquantotto 101: centouno 67: sessantasette 1000: mille 76: settantasei 8000: ottomila Lösungswort: Antonino

2.6 **a)** 1.d; 2.g; 3.b; 4.h; 5.f; 6.a; 7.e; 8.c; 9.j; 10.i;
b) 1.sette e un quarto 2.otto e venti 3.dieci e mezza 4.una, tre e mezza 5.otto meno venti, undici e mezza

2.7 **a)** millenovecentonovantasei, millesettecentoottantanove
b) 1.Nel millenovecentonovanta 2.Nel millequattrocentonovantadue 3.Nel millenovecentosessantotto 4.Nel millenovecentoottantanove

5.Nel milleottocentosessantuno
c) 1.il due giugno 2.il tre ottobre 3.il quattordici luglio 4.il primo agosto

2.8 a) 1.b; 2.f; 3.h/i; 4.g; 5.a; 6.d; 7.e; 8.c; 9.i/h
b) 1.Buone 2.Buon 3.Buon 4.Buon 5.Buona 6.Buon 7.Buone 8.Buona

2.9 a) **positivo:** 1, 2, 6, 9, 11 **negativo:** 3, 7, 8 **riservato:** 4, 5, 10, 12
b) 1.c, g, h, l; 2.a, b, e, f, j; 3.d, i, k

2.10 **delusione:** 2, 3, 8, 12 **gioia:** 1, 4, 6, 10 **meraviglia:** 5, 7, 9, 11

2.11 a) 1.ballare 2.cadere 3.salire 4.scendere 5.entrare 6.uscire 7.camminare 8.nuotare 9.correre 10.sciare 11.saltare 12.viaggiare
b) 1.È salito 2.Ha camminato 3.Ha sciato 4.È uscito 5.Ha nuotato 6.Ha viaggiato

3.1 a) 1.Mi chiamo, Sono, abito, lavoro, Sono, Ho, divorziata 2.sono, nato, ho, sposato, senza, a, lavoro
b) Buzzi, Claudia, impiegata, Alessandria, italiana, Bergamo
c) 1.f; 2.e; 3.d; 4.g; 5.a; 6.c; 7.b

3.2 a) 1.italiana 2.il Portogallo 3.tedesca 4.il Brasile 5.polacca 6.irlandese 7.la Turchia 8.il Canada 9.israeliana 10.ungherese 11.inglese 12.la Grecia 13.giapponese 14.la Svezia
b) 1.inglese, Svizzera 2.Francia, francese, italiana 3.Austria, austriaci, svizzeri 4.americana, Olanda 5.spagnolo

3.3 a) 1.infermiera 2.impiegata 3.parrucchiere 4.operaia 5.studentessa 6.attrice 7.professore 8.traduttore 9.giornalista 10.ingegnere 11.insegnante 12.dentista 13.apprendista 14.avvocato
b) 1d; 2.c; 3.a; 4.b

3.4 a) 1.Anna 2. Ezio 3.Sara 4.Lucia
b) 1.i genitori 2.lo zio 3.i cugini 4.la figlia 5.la moglie 6.gli zii 7.la sorella 8.il nipote 9.i nonni 10.i nipoti 11.il fratello 12.il marito 13.la madre
c) 1.la nonna 2.il cugino 3.la zia 4.il padre 5.il nonno 6.i figli 7.la cugina 8.il figlio

3.5 **A**: 1, 4, 8, 9, 11, 12, 13, 17, 18 **B**: 2, 3, 5, 6, 7, 10, 14, 15, 16

3.6 a) **casa:** 1, 2, 3, 7, 9, 12, 14, 15, 16, 19, 20, 21, 25, 27, 28, 29
oggetti: 4, 5, 6, 8, 10, 11, 13, 17, 18, 22, 23, 24, 26, 30, 31, 32
b) vecchia, rumorosa, sporca, antichi, buie

3.7 1.triste 2.indifferente 3.innamorato 4.preoccupato 5.deluso 6.felice 7.disperato 8.arrabbiato

3.8 **fare:** 1, 10, 18, 29 **andare:** 2, 19, 28, 30 **andare a vedere:** 3, 8, 17, 23
suonare: 6, 11, 26, 31 **leggere:** 5, 7, 20, 25 **giocare:** 4, 9, 21, 27
frequentare un corso: 12, 14, 22, 24 **lavorare:** 16 **ascoltare:** 15 **guardare:** 13

3.9 1.pattinare, il pattinaggio 2.la pallacanestro, giocare a pallacanestro 3. lo sci, sciare 4.far vela, la vela 5.nuotare, il nuoto 6.giocare a pallavolo, la pallavolo 7.giocare a golf, il golf 8.il calcio, giocare a calcio 9.fare del windsurf, il windsurf 10.giocare a tennis, il tennis 11.il judo, far judo 12.l'equitazione, andare a cavallo

3.10 1.la vetta 2.la montagna 3.il cielo 4.il paese 5.la nuvola 6.la collina 7.il bosco 8.la valle 9.la costa 10.il mare 11.la baia 12.l'onda 13.la pianura 14.l'albero 15.il fiume 16.l'isola 17.la spiaggia 18.il campo 19.il lago

3.11 1.macchina 2.autobus, tram 3.motorino 4.metropolitana 5.piedi, bicicletta 6.motocicletta 7.macchina, treno, aereo

3.12 1.il videoregistratore 2.il walkman 3.il computer 4.il dischetto 5.il fax 6.la carta telefonica 7.la videocamera 8.la musicassetta 9.la segreteria telefonica 10.l'autoradio 11.il telecomando 12.il citofono 13.il telefonino 14.la videocassetta 15.il telefono portatile

3.13 1.sveglia 2.telefono 3.orologio, borsetta 4.spazzolino da denti, rasoio elettrico, rasoio 6.asciugamano, ombrello 7.ombrello 8.rossetto 9.borsetta 10.borsetta, portafoglio, soldi, occhiali, fazzoletti, pettine, penna, agendina, chiave

3.14 1.farmacia 2.macellaio 3.tabaccaio 4.profumeria 5.supermercato 6.grandi magazzini 7.panetteria 8.salumeria, enoteca 9.fruttivendolo 10.pescivendolo 11.giornalaio, libreria, fioraio

3.15 **frutta**: 1, 8, 9, 12, 13, 16, 22, 24, 25, 30 **verdura**: 2, 5, 7, 10, 14, 15, 19, 23, 26, 29 **altro**: 3, 4, 6, 11, 17, 18, 20, 21, 27, 28

3.16 **antipasti**: insalata di mare, antipasto misto, prosciutto e melone **primi piatti**: gnocchi, minestrone, lasagne, risotto **secondi piatti (carne):** arrosto di vitello, ossobuco, pollo arrosto **(pesce):** cozze alla marinara, grigliata di pesce, sogliola ai ferri **contorni**: fagiolini, insalata verde, spinaci, patate arrosto **dessert**: macedonia, panna cotta, torta della casa

3.17 1. la montagna, il mare, il lago, la campagna 2.la stazione, il supplemento, l'arrivo, la partenza, l'aeroporto, il biglietto, l'autostrada, il porto, la dogana 3. la valigia, la borsa da viaggio, l'assegno, la carta di credito, l'assegno turistico, il passaporto, la guida 4.divertirsi, prendere il sole, visitare una città, fare dello sport, riposarsi 5.l'albergo, la tenda, il campeggio, la pensione, la roulotte, il camper, l'appartamento, la villetta

3.18 a.4; b.3; c.5; d.1; e.6; f.2

3.19 1.i; 2.b; 3.m; 4.e; 5.h; 6.d; 7.l; 8.j; 9.n; 10.c; 11.g; 12.o; 13.a; 14.f; 15.k

4.1 1.disfatto 2.infelice 3.disordinate 4.spiacevoli 5.disoneste 6.sconosciuto

4.2 1.fare, erneut tun 2.sposarsi, wieder heiraten 3.interessarsi, sich nicht interessieren 4.dire, absagen 5.ascoltare, erneut/wieder anhören 6.vedere, wieder sehen 7.piacere, missfallen

4.3 1.successone 2.tempaccio 3.passeggiatina 4.caratteraccio 5.cenone 6.regalino 7.sorellina 8.parolacce 9.cameretta

4.4 1.di sigarette 2.da bagno 3.ristorante 4.da sole 5.di frutta 6.da tavola 7.bagagli 8.di telefono 9.informazioni 10.da sera 11.di servizio 12.da letto 13.di cucina 14.di parcheggio 15.da lettere

4.5 1.telefonica 2.festa 3.macchina 4.turistica 5.minerale 6.pubblici 7.guerra 8.corso 9.matrimoniale 10.crisi 11.pedonale 12.elementare

5.1 **[k]**: perché, casa, chiuso, chilo, chiave, cultura **[tʃ]**: cinema, ciao, cena, doccia, ufficio, uccello **[g]**: gamba, guida, traghetto, funghi, gusto, spaghetti **[dʒ]**: gita, gente, giocare, giusto, giardino, giovane

5.2 1.sciarpa, sciopero 2.asciugamano 3.sci, scienza 4.pesce, ascensore

5.3 **a)** 1.Pạolo, telẹfono, indụstria 2.spịccioli, grịgio, attenziọne 3.spiạggia, stọria, simpatịa 4.tenẹre, pẹrdere, vedẹre
b) ọffro, ọffrono, crẹdo, crẹdono, offrịvo, offrịvano, credẹvo, credẹvano

6.1 **a)** 1.la doccia 2.colazione 3.la segretaria 4.la patente 5.pena 6.in affitto 7.la spesa 8.sale 9.il cappotto 10.due milioni
b) **FAR(E)**: sciopero, benzina, le pulizie, il pieno, in tempo **METTERE**: la firma, in ordine, sull'armadio **PRENDERE**: una decisione, il sole, l'influenza, un succo di frutta

6.2 **a)** 1.perdere 2.avere 3.portare 4.salire 5.cambiare 6.servire 7.chiedere
b) 2.perdere la strada sich verirren 3.perdere la vita ums Leben kommen 4.perdere la testa den Kopf verlieren 5.aver sonno müde sein 6.aver luogo

stattfinden 7.aver idea eine Ahnung haben

6.3 1.a, c; 2.b, c; 3.b, c; 4.b, c; 5.a, b; 6.a, c; 7.a; 8.b; 9.b; 10.a; 11.a, c; 12.b, c; 13.a, c; 14.a, c

6.4 **a)** **andare in**: vacanza, città, banca, centro, ufficio, campagna, montagna **andare a**: letto, casa, teatro **andare al**: cinema, mercato, ristorante, bar, mare **andare all'**: estero, ospedale **andare alla**: stazione **andare dal:** dentista, parrucchiere

b) 1.da 2.per 3.a 4.di 5.in, in 6.in

6.5 1.b, c; 2.b, c; 3.a, c; 4.a, d; 5.a, d; 6.b, c

6.6 1. -, a; 2. -; 3.a; 4. -; 5. -; 6.di; 7.a; 8. -, di; 9.di; 10.a; 11. -; 12.di; 13.di; 14.di; 15.di; 16.di; 17.di; 18.a

7.1 **a)** 1.Ciao, come stai 2.Ciao, grazie e tu 3.sto bene 4.ciao 6.Ciao

b) 1.Buongiorno 2.Buongiorno, come sta 3.Non c'è male, e Lei 4.Abbastanza 6.arrivederci 7.arrivederci

7.2 **a)** a.3, 8, 9; b.1, 4, 6, 7, 11; c.5, 10, 12; d.2

b) 2, 5, 7, 3, 1, 4, 6

7.3 1.di andata e ritorno, prima classe 2.il supplemento 3.prenotare, non fumatori 4. accanto al finestrino 5.Da quale binario, per Firenze 6.un posto, vagone letto 7.una cuccetta 8.treni diretti 9.cambiare, la coincidenza 10.il vagone ristorante

7.4 **a)** due chili di patate, un chilo di pomodori, mezzo chilo di cipolle, funghi, quanto costano, tre etti, un po' di frutta, un chilo e mezzo di uva, quanto fa

b) 1.un litro di 2.un vasetto di 3.un pezzo di 4.un pacco di 5.una scatola di 6.una bottiglia di 7.quattro fettine di 8.mezzo litro di

7.5 **a)** 4, 7, 11

b) 1. a.lana, cotone, seta, lino, velluto, pelle b.cuoio 2. a.pois, fiori, quadri, righe, tinta unita

7.6 **b)** **R:** 2, 4, 6; **F:** 1, 3, 5

7.7 **a)** 1.b; 2.a **b)** a sinistra, va (sempre) dritto fino, gira a sinistra, dritto, il ponte, subito dopo, a destra

7.8 **a)** 3, 1, 5, 4, 2, 7, 6

b) Gentili signori, Confermo la prenotazione di una camera doppia con doccia dal 21 al 26 settembre

7.9 **a)** 1.c; 2.e; 3.g; 4.b; 5.f; 6.a; 7.d

b) b, c, f

7.10 1.l; 2.f; 3.j; 4.c; 5.g; 6.i; 7.d; 8.b; 9.e; 10.h; 11.a; 12.k

7.11 1.f; 2.e; 3.g; 4.b; 5.d; 6.c; 7.h; 8.a

7.12 **a)** 1.testa 2.febbre 3.gola 4.tosse 5.piedi 6.pancia 7.occhi 8.schiena

b) 1.g; 2.e; 3.a; 4.c; 5.h; 6.b; 7.d; 8.f

7.13 h, j, d

8.1 **a)** **A.** 1.la; 2.il; 3.l'; 4.la; 5.la; 6.il; 7.lo; 8.l'; 9.l'; 10.l'; 11.l'; 12.lo, la **B.** 1.le; 2.gli; 3.gli; 4.i; 5.le; 6.le; 7.i; 8.i; 9.le; 10.i

b) 1.un, una, un 2.un, una 3.un' 4.un, una, un, uno

8.2 1.a, b; 2.b, c; 3.a, c; 4.b, c; 5.a, c; 6.b, c; 7.a, c; 8.a, b; 9.b, c; 10.a, c

8.3 1.a.perfettamente b.perfetto 2.a.bene b.buona 3.a.facile b.facilmente 4.a.sicuro b.sicuramente 5.a.Normalmente b.normale 6.a.raro b.raramente 7.a.naturale b.naturalmente 8.a.direttamente b.diretto 9.a.lentamente b.lento

8.4 1.pochi 2.poco 3.poca 4.pochi 5.molti, molto 6.molto 7.molte 8.molto 9.tanta 10.tanto, tanto, tanti 11.troppo, troppi, troppe 12.troppo 13.troppo

8.5 1.sono 2.è 3.abitano, lavorano 4.Hanno 5.ha, va 6.piace, dice, vuole 7.è, va 8.escono, tornano 9.stanno 10.vogliono, fanno, rimane, sono 11.cena, preferisce 12.hanno 13.Si chiama

8.6 **a)** **A.** 1.ha preso, è andato 2.è andata, sono state **B.** 1.si è riposata, è uscita, è rimasto 2.hanno guardato, sono andati **C.** 1.si sono alzati, hanno fatto, sono andati, sono partiti 2.È stata 3.si sono divertite, hanno giocato, hanno fatto 4.hanno preso, hanno letto, hanno giocato
b) Bild 1: B; Bild 2: A; Bild 3: C

8.7 1.f; 2.j; 3.g; 4.i; 5.c; 6.d; 7.h; 8.b; 9.e; 10.a

8.8 **a)** 1.alla, allo, al, a, all' 2.dai, da, dalla, dagli, dal 3.di, del, della, dello, dei 4.sul, sulla, sui, sull', sulle 5.nell', nella, negli, nel
b) 1.per 2.di, a 3.in 4.di, di, al 5.in 6.con, senza

8.9 4, 8

8.10 1.b; 2.d; 3.e; 4.g; 5.c; 6.a; 7.f

8.11 1.Chi 2.A chi 3.Quanti 4.Dove 5.Quale 6.Che cosa 7.Come 8.Quando 9.Con chi 10.Quanto 11.Perché 12.Qual è

8.12 **a)** 1.h; 2.b; 3.g; 4.e; 5.c; 6.a; 7.f; 8.d
b) 1.Le, mi 2.La, Le 3.vi, Ci 4.ti, mi

8.13 **a)** 1.il mio, mio, le mie, i miei, i miei, le mie 2.il tuo, tuo, i tuoi, le tue, tua, la tua 3.la nostra, nostra, i nostri, le nostre, i nostri, il nostro 4.i vostri, i vostri, vostro, la vostra, il vostro, i vostri
b) 1.la sua, il suo, le sue 2.la sua, il suo, i suoi 3.il loro, i loro

8.14 1.Non sono più tanto giovane. 2.Non ho più voglia di uscire tutte le sere. 3.I film tristi non mi piacciono. 4.Quando sto male non voglio vedere nessuno, neanche mia moglie. 5.Non mangio più carne. 6.A pranzo non bevo mai vino. 7.Tra i pasti non mangio niente. 8.La domenica mattina sto a letto e non faccio assolutamente niente.

8.15 **a)** 1.meno 2.più 3.meno 4.meno 5.più 6.meno
b) a.Carpi b.Varon c.Gatti d.Carpi e.Varon

9.1 chiuso (chiudere), aperto (aprire), nato (nascere), successo (succedere), stato (essere), messo (mettere), chiesto (chiedere), venuto (venire), preso (prendere), fatto (fare), scritto (scrivere), detto (dire), visto (vedere), letto (leggere), venduto (vendere), perso (perdere), sceso (scendere), acceso (accendere), avuto (avere), morto (morire)

9.2 **a) + b)** 1.regalagli 2.portalo 3.tieni 4.provala 5.cerca 6.sali 7.vacci 8.dammi 9.stia 10. faccia 11.legga 12.senta 13.guardi 14.venga 15.sia 16.dillo 17.fammi 18.serviti 19.aspetti 20.inviti 21.dallo 22.dica 23.digli 24.manda 25.abbia 26.chieda 27.dalle 28.accomodati 29.salutami 30.vada 31.scusi 32.prenda 33.lasci 34.chiamami 35.decida

9.3 **a)** 1.cugina 2.forte 3.marzo 4.gonna 5.penna 6.pane 7.chiaro 8.ballo
b) 1.meno, ceno, seno, sano 2.vengo, vento, lento, lente 3.sale, male, mare 4.pera, sera, vera 5.letto, tetto

Test 1 1.b; 2.c; 3.d; 4.b; 5.c; 6.d; 7.b; 8.a; 9.b; 10.a; 11.c; 12.d

Test 2 **Aufgabe 1:** 1.il parrucchiere 2.anziano 3.la tazza 4.la cugina 5.sciare 6.il pattinaggio 7.la macchina 8.l'isola 9.le albicocche **Aufgabe 2:** 1.c; 2.c; 3.d; 4.b; 5.d

Test 3 1.b; 2.d; 3.c; 4.b; 5.c; 6.b; 7.a; 8.c; 9.b; 10.a; 11.d; 12.c; 13.a

Test 4 1.b; 2.a; 3.c; 4.c; 5.b; 6.c; 7.b; 8.b; 9.c; 10.a; 11.a; 12.c; 13.c

Test 5 1.a, d; 2.b, c; 3.b, c; 4.a, d; 5.b; 6.b, d; 7.c; 8.a; 9.b; 10.b; 11.a; 12.c; 13.b

Glossario

Glossar

Dieses Wörterverzeichnis enthält in alphabetischer Reihenfolge Vokabeln aus den Kapiteln 1 bis 9. Es wird der Wortschatz aufgeführt, der den Grundwortschatz übersteigt. Der als bekannt vorausgesetzte Wortschatz orientiert sich am Grundwortschatz des Volkshochschul-Zertifikats Italienisch des Volkshochschulverbandes.

In der linken Spalte befinden sich fett gedruckt die Einträge. Die mittlere Spalte gibt die Fundstellen an, z.B. 7.6 = Kapitel 7, Übung 6, in der die Vokabeln das erste Mal vorkommen. Wörter, die in unterschiedlichen Bedeutungen auftreten, werden mehrfach genannt.

Jedes Substantiv wurde mit dem bestimmten Artikel, der mager gedruckt ist, aufgeführt. Der Artikel gibt an, ob das Substantiv männlich oder weiblich ist, z. B. il **calcio,** la **collina.** Ist das Geschlecht durch den Artikel nicht eindeutig ableitbar, was bei l' der Fall ist, dann wird das Geschlecht hinter dem Substantiv durch ein kursives *m* oder *f* eindeutig bestimmt: l'**aspirapolvere** *m.*

Femininformen der Substantive werden wie folgt dargestellt:
1. o, -a bedeutet, dass die männliche Endung o durch die weibliche Endung a ersetzt wird, z.B. il/la **fioraio, -a** = il fioraio, la fioraia;
2. tore, -trice bedeutet, dass bei der weiblichen Form die Endung trice verwendet wird, z.B. lo/la **scrittore, -trice** = lo scrittore, la scrittrice.

Bei Verben mit unregelmäßigen Präsensformen oder Partizipien befindet sich ein Hinweis auf die Formen kursiv in Klammern: **togliere** *(tolgo, tolto)* = 1. Person Singular tolgo, Partizip Perfekt tolto.

Bei Adjektiven, die auf o enden, wurde auf die weibliche Endung a hingewiesen, z.B. **buio, -a.**

Abkürzungen:

m	männlich
f	weiblich
mf	männlich und weiblich
etw	etwas
jdm	jemandem
jdn	jemanden
qu	qualcuno
qc	qualcosa

A

a lungo	3.13	lange
a pois	7.5	getupft
a quadri	7.5	kariert
a tinta unita	7.5	einfarbig
l'**abitazione** *f*	1.8	Wohnhaus
l'**abito** *m* **da sera**	4.4	Abendkleid
l'**accessorio** *m*	3.14	Accessoire
accidenti	3.13	verflixt
accorgersi *(accorto)*	3.13	merken
l'**acquisto** *m*	1.8	Einkauf
addormentarsi	1.6	einschlafen
l'**agendina** *f*	3.13	Terminkalender
al più presto	3.4	so schnell wie möglich
l'**albicocca** *f*	3.15	Aprikose
all'aperto	6.2	im Freien
l'**alta stagione** *f*	1.6	Hochsaison
alzarsi	2.3	aufstehen
andare di moda	7.5	modisch sein
annoiarsi	3.4	sich langweilen
antico, -a	3.6	antik
anziano, -a	3.5	alt
apparecchiare	3.19	den Tisch decken
l'**apprendista** *mf*	3.3	Lehrling
arrabbiato, -a	3.7	zornig, wütend
l'**arte** *f* **contemporanea**	7.7	zeitgenössische Kunst
l'**asilo** *m*	8.5	Kindergarten
l'**aspirapolvere** *m*	3.6	Staubsauger
l'**assegno** *m* **turistico**	3.17	Reisescheck
attivo, -a	1.6	aktiv
l'**attore, -trice** *m,f*	3.3	Schauspieler(in)
attraversare	7.7	überqueren

B

i **baffi**	3.5	Schnauzbart
la **baia**	3.10	Bucht
la **barba**	3.5	Bart
farsi la barba	3.19	sich rasieren
la **bellezza**	1.10	Schönheit
le **bocce**	3.8	Bocciaspiel
giocare a bocce	3.8	Boccia spielen
la **borsa da viaggio**	3.17	Reisetasche
bruciare	7.12	brennen
buffo, -a	1.7	drollig, komisch
buio, -a	3.6	dunkel
buon anno!	2.8	ein gutes neues Jahr!
buona Pasqua!	2.8	fröhliche Ostern!

C

la **cabina telefonica**	4.5	Telefonzelle
il **calcio**	3.9	Fußball
cambiar casa*	6.2	umziehen
cambiar vita*	6.6	sein Leben verändern
cambiare idea	6.2	es sich anders überlegen
il **caminetto**	8.9	offener Kamin
camminare	1.6	gehen, laufen
il **campanello**	1.5	Klingel
il **camper**	3.17	Wohnmobil
il/la **cantante**	3.3	Sänger(in)
il **capolavoro**	2.9	Meisterwerk
il **cappello**	3.5	Hut
il **cappotto**	2.2	Mantel
la carità: **per carità!**	2.9	um Himmels willen!
la **carota**	3.15	Karotte
la **carta di credito**	3.17	Kreditkarte
la **carta igienica**	7.10	Toilettenpapier
la **carta**	1.5	(Spiel-)Karte
castano, -a	3.5	(kastanien-) braun

cenare	3.19	zu Abend essen
chiedere scusa	6.2	um Entschuldigung bitten
la **ciliegia**	3.15	Kirsche
la **cipolla**	3.15	Zwiebel
il **citofono**	3.12	Gegensprechanlage
la **cittadinanza**	3.1	Staatsangehörigkeit
il/la **cliente**	3.3	Gast
la **coda**	1.6	(Auto-) Schlange
il/la **collega**	2.10	Kollege, Kollegin
la **collina**	3.10	Hügel
la **conferma**	7.8	Bestätigung
confermare	7.8	bestätigen
controllare	7.11	kontrollieren
correre *(corso)*	2.11	rennen
correre il rischio	1.6	in Gefahr kommen
il **corridoio**	3.6	Flur
il **corso**	1.8	Prachtstraße
il **corso**	3.8	Kurs
il **corso di disegno**	3.8	Zeichenkurs
il **cortile**	7.8	Hof
i **cosmetici**	3.14	Kosmetikartikel
il **costume da bagno**	4.4	Badeanzug
il **cuoio**	7.5	(grobes) Leder
il **cuscino**	2.2	Kissen

D

da solo, -a	2.11	allein
dare la sveglia	7.9	wecken
dare su	7.8	gehen auf
dare una mano a qu	1.4	jdm helfen
la **data**	3.1	Datum
davvero	2.10	wirklich
il **deposito bagagli**	4.4	Gepäckaufbewahrung
desiderare	1.6	wünschen
disdire *(disdico, disdetto)*	4.2	absagen
il **disegno**	3.8	Zeichnen
disfatto, -a	4.1	ungemacht
la **disoccupazione**	6.6	Arbeitslosigkeit
disonesto, -a	4.1	unehrlich
disordinato, -a	4.1	unordentlich
disperato, -a	3.7	verzweifelt
disturbare	7.9	stören
divertente	2.9	unterhaltsam
divorziato, -a	3.1	geschieden
la **dogana**	3.17	Zoll

E

è uno schifo!	2.9	es ist scheußlich/widerlich
eccome!	2.9	und wie!
l'**edificio** *m*	1.8	Gebäude
enormemente	2.9	enorm
l'**enoteca** *f*	3.14	Weinhandlung
l'**equitazione** *f*	3.9	Reitsport
l'**errore** *m*	7.10	Fehler
esotico, -a	6.5	exotisch
essere giù	3.4	niedergeschlagen sein

F

i **fagiolini**	3.15	grüne Bohnen
fantastico, -a	2.10	fantastisch
far vela*	3.9	segeln
fare acquisti	1.8	Einkäufe tätigen
il/la **farmacista**	3.3	Apotheker(in)
farsi la barba	3.19	sich rasieren
faticoso, -a	1.6	anstrengend
il **fazzoletto**	3.13	Taschentuch
felice	3.7	glücklich
il **fico**	7.4	Feige
fiero, -a	1.7	stolz
il/la **figlio, -a unico, -a**	3.4	Einzelkind
il **finestrino**	7.3	(Zug-)Fenster

il/la **fioraio, -a**	3.14	Blumenhändler(in)
la **firma**	6.1	Unterschrift
il **forno a microonde**	6.5	Mikrowellenherd
la **forza**	1.10	Kraft, Stärke
la **fragola**	3.15	Erdbeere
il **frigobar**	7.9	Minibar
il **frullatore**	3.6	Mixer
il/la **fruttivendolo, -a**	3.14	Obsthändler(in)
il **fumetto**	3.8	Comic
il **fungo**	5.1	Pilz

G

gassato, -a	7.6	kohlensäurehaltig
il **Giappone**	3.2	Japan
giapponese	3.2	japanisch
giocare a bocce	3.8	Boccia spielen
giocare a scacchi	3.8	Schach spielen
il/la **giornalaio, -a**	3.14	Zeitungsverkäufer(in)
la **giovinezza**	1.10	Jugend
la **gita**	5.1	Ausflug
giù: **essere giù**	3.4	niedergeschlagen sein
il **grado**	3.18	Grad
la **grandine**	3.18	Hagel
la **guida**	3.17	Reiseführer

I

il più possibile	3.4	so oft wie möglich
imparare	3.3	lernen
l'**impegno** *m*	2.10	Termin
l'**impegno** *m*	7.2	Verabredung
l'**impegno** *m*	8.4	Verpflichtung
l'**impianto** *m* **stereo**	3.6	Stereoanlage
l'**incrocio** *m*	7.7	Kreuzung
indifferente	3.7	gleichgültig
infelice	4.1	unglücklich
l'**infermiere, -a** *m,f*	3.3	Krankenpfleger, -schwester
l'**influenza** *f*	6.1	Grippe
l'**ingorgo** *m*	1.7	Stau
ingrassare	8.10	zunehmen
l'**ingresso** *m*	3.6	Eingang
innamorato, -a	3.7	verliebt
insomma	2.9	es geht
inutile	6.5	nutzlos
Israele *m*	3.2	Israel
israeliano, -a	3.2	israelisch

L

la **lampada**	2.2	Lampe
largo, -a	1.9	weit
lasciare un messaggio	7.13	eine Nachricht hinterlassen
lavare i piatti	3.19	Geschirr spülen
la **lavastoviglie**	3.6	Spülmaschine
lavorare a maglia	3.8	stricken
la **lente (a contatto)**	9.3	(Kontakt-)Linse
il **letto matrimoniale**	4.5	Ehebett
la **libreria**	3.14	Buchhandlung
la **libreria**	8.9	Bücherregal
il **limone**	3.15	Zitrone
la **lingua**	7.12	Zunge
il **lino**	7.5	Leinen
il **locale**	1.8	Lokal
luminoso, -a	3.6	hell
la **luna**	2.7	Mond
lungo: **a lungo**	3.13	lange
il **luogo di nascita**	3.1	Geburtsort

M

il/la **maestro, -a**	3.3	Grundschullehrer(in)
la **maglia**	3.8	Strickarbeit
il **maglione**	2.2	dicker Pullover
il **maiale**	1.7	Schwein
la **malattia**	1.10	Krankheit

mancare	7.10	fehlen
la **mancia**	3.3	Trinkgeld
la mano: **dare una mano a qu**	1.4	jdm helfen
il **matrimonio**	3.4	Ehe
maturo, -a	7.4	reif
il **medico**	6.4	Arzt, Ärztin
la **mela**	3.15	Apfel
la **melanzana**	2.1	Aubergine
il **mestiere**	3.3	Beruf
la **meta**	3.17	Ziel
la **montatura**	7.10	Gestell
il **motorino**	3.11	Mofa

N

il **naso**	3.5	Nase
il **negozio di generi alimentari**	1.8	Lebensmittelgeschäft
noioso, -a	2.9	langweilig
il **nuoto**	3.9	Schwimmen

O

l'**onda** *f*	3.10	Welle
onesto, -a	4.1	ehrlich
ordinato, -a	4.1	ordentlich

P

il **pacco**	7.4	Packung
il **paio**	8.7	Paar
la **pallacanestro**	3.9	Basketball
la **pallavolo**	3.9	Volleyball
la **panna**	2.1	Sahne
il **parrucchino**	2.10	Herrenperücke
passare	2.10	verbringen
il **pasto**	7.12	Mahlzeit
il **pattinaggio**	3.9	Eis laufen
la **pazienza**	9.2	Geduld
la **pelle**	7.5	(feines) Leder
per carità!	2.9	um Himmels Willen!
per terra	3.13	am Boden
la **pera**	3.15	Birne
il **pernottamento**	3.17	Übernachtung
la **pesca**	3.15	Pfirsich
il/la **pescivendolo, -a**	3.14	Fischhändler(in)
il **pettine**	3.13	Kamm
piacevole	4.1	angenehm
il piatto: **lavare i piatti**	3.19	Geschirr spülen
pieno zeppo, piena zeppa	1.6	überfüllt
i **pois**	7.5	Tupfen
il **porcino**	7.4	Steinpilz
il **porto**	3.17	Hafen
possibile: **il più possibile**	3.4	so oft wie möglich
la **povertà**	1.10	Armut
la **precisazione**	2.3	Präzisierung
prendere il sole	3.17	sich sonnen
la **pressione delle gomme**	7.11	Reifendruck
presto: **al più presto**	3.4	so schnell wie möglich
prezioso, -a	6.5	wertvoll
profondamente	7.12	tief
la **profumeria**	3.14	Parfümerie
il **profumo**	3.14	Parfüm
la **prugna**	7.4	Pflaume

Q

i **quadri**	7.5	Karos
il **quadro**	2.2	Bild

R

raro, -a	8.3	selten
il **rasoio elettrico**	3.13	Rasierapparat
il **regalo**	8.9	Geschenk
la **residenza**	3.1	Wohnort
riaddormentarsi	3.13	wieder einschlafen
la **ricchezza**	1.10	Reichtum
richiamare	7.13	wieder anrufen
rilassarsi	1.6	sich entspannen

rinunciare a qc	8.10	auf etw verzichten
riposarsi	1.6	sich ausruhen
il rischio: **correre il rischio**	1.6	in Gefahr kommen
risolvere *(risolto)*	6.3	lösen
la **riunificazione**	2.7	Wiedervereinigung
il **rossetto**	3.13	Lippenstift
la **roulotte**	3.17	Wohnwagen
rumoroso, -a	3.6	laut

S

la **sala d'aspetto**	1.6	Wartehalle
la **sala giochi**	1.8	Spielhalle
salato, -a	6.5	gesalzen
saltare	1.7	springen
la **salumeria**	3.14	Wurstwarenhandlung
sano, -a	9.3	gesund
sapere di qc	7.10	nach etw schmecken
sbagliare numero	7.13	sich verwählen
la **scatola**	7.4	Dose
scegliere *(scelgo, scelto)*	4.5	wählen
scegliere *(scelgo, scelto)*	7.6	aussuchen
gli **scacchi**	3.8	Schach
giocare a scacchi	3.8	Schach spielen
lo **scherzo**	5.2	Scherz
la **schiena**	5.2	Rücken
lo schifo: **è uno schifo**	2.9	es ist scheußlich/widerlich
la **schiuma**	5.2	Schaum
lo **sci**	3.9	Ski laufen
sciare	2.11	Ski fahren
la **sciarpa**	5.2	Schal
la **scienza**	5.2	Wissenschaft
sconosciuto, -a	4.1	unbekannt
scoprire *(scoperto)*	2.7	entdecken
lo/la **scrittore, -trice**	3.3	Schriftsteller(in)
la **scrivania**	2.2	Schreibtisch
la **scuola elementare**	4.5	Grundschule
la **segreteria telefonica**	7.13	Anrufbeantworter
seguire un corso	8.7	einen Kurs besuchen
il **semaforo**	1.8	Ampel
il **seno**	9.3	Brust
serio: **sul serio**	2.10	im Ernst
sfuso, -a	7.6	offen
silenzioso, -a	6.5	leise
il **single**	3.4	Single
vivere da single	3.4	als Single leben
snello, -a	3.5	schlank
sopra zero	3.18	über Null
il **sorriso**	1.7	Lächeln
sotto zero	3.18	unter Null
spazioso, -a	6.5	geräumig
lo **spazzolino da denti**	3.13	Zahnbürste
lo **specchio**	2.2	Spiegel
spiacevole	4.1	unangenehm
gli **spinaci**	3.15	Spinat
sposarsi	2.7	heiraten
la **squadra**	2.10	Mannschaft
squillare	3.13	klingeln
star fermo, -a*	1.6	stehen, halten
gli **stivali**	2.2	Stiefel
stretto, -a	1.9	eng
sul serio	2.10	im Ernst
suonare il campanello	1.5	klingeln, läuten
svedese	3.2	schwedisch
la **sveglia**	3.13	Wecker
la **Svezia**	3.2	Schweden

T

il **tappeto**	2.2	Teppich
il **tappo**	7.10	Korken
il **telecomando**	3.12	Fernbedienung
il **telefonino**	3.12	Handy
le **tende**	2.2	Vorhänge
tenere *(tengo)*	5.3	halten

tenere *(tengo)*	9.3	hüten
la terra: **per terra**	3.13	am Boden
il **tetto**	9.3	Dach
la **tinta**	7.5	Farbe
toccare	3.13	berühren
togliere *(tolgo, tolto)*	6.3	ausziehen
la **tosse**	7.12	Husten
tossire *(tossisco)*	7.12	husten
la **tovaglia**	3.6	Tischdecke
il/la **traduttore, -trice**	3.3	Übersetzer(in)
il **tram**	3.11	Straßenbahn
truccarsi	3.19	sich schminken
la **Turchia**	3.2	Türkei

U

l'**ufficio** *m* **informazioni**	4.4	Informationsbüro
ungherese	3.2	ungarisch
l'**Ungheria** *f*	3.2	Ungarn
unirsi	2.7	sich vereinigen

V

l'**uva** *f*	3.15	Trauben
il **vagone letto**	7.3	Schlafwagen
il **vagone ristorante**	4.4	Speisewagen
vario, -a	1.6	verschieden
il **vasetto**	7.4	Glas
la **vecchiaia**	1.10	Alter
il/la **vedovo, -a**	3.4	Witwe(r)
la **vela**	3.9	Segeln
il **velluto**	7.5	Samt
la **vendemmia**	2.4	Weinlese
la **vetta**	3.10	Gipfel
il **videoregistratore**	3.12	Videorecorder
la **villetta**	3.17	Ferienhaus
il **vino da tavola**	4.4	Tafelwein
violento, -a	3.18	heftig, stark
il **violino**	3.8	Geige
vivere da single	3.4	als Single leben

Z

lo **zaino**	1.6	Rucksack
la **zona pedonale**	1.8	Fußgängerzone
la **zona turistica**	1.6	Touristengegend

* Sicherlich ist Ihnen aufgefallen, dass bei einigen Verben das *-e* am Ende des Infinitivs wegfallen kann, wie zum Beispiel bei folgenden Ausdrücken:

aver bisogno, cambiar casa, far la spesa, star fermo.

Ob ein Italiener das *-e* setzt oder nicht, hängt von seinem Sprachempfinden ab. Er hat die Wahl zwischen einer Form mit oder ohne *-e*. Beim Sprechen wird das *-e* eher weggelassen. Nicht immer sind jedoch beide Fomen möglich. Gehen Sie also auf Nummer sicher und verwenden Sie ganz einfach nur die Form mit dem *-e* am Ende des Infinitivs. Sagen Sie also ruhig *fare la spesa, avere bisogno, fare benzina* und *stare fermo*, es wird ganz bestimmt richtig sein.

Anders verhält es sich bei den Wörtern *signore, dottore, professore* und *ingegnere*. Sie verlieren das letzte *-e*, wenn sie vor einem Familien- oder Vornamen stehen, z.B.:

– Buonasera dottor Merlo.
– Buongiorno, signor Luigi, come sta?
– Conosci il professor Salizzoni?
– Devo telefonare all'ingegner Silvestris.